JN076689

図書館ウォーカー2

旅のついでに図書館へ

オラシオ

日外アソシエーツ

図書館ウォーカーのトリセツ

はじめまして。または、再びお目にかかります。

本書は2023年1月に発売された「図書館ウォーカー　旅のついでに図書館へ」の続編だ。ここでは「まえがき」に代えて、本書の取り扱い説明をしたい。

まず、本書が属するジャンルは大ざっぱに言うと「旅エッセイ」だ。図書館そのものについての記述はテキスト全体の4分の1にも満たない。時にはほとんど図書館に触れない回もある。また、旅エッセイを自称しつつも旅行記的な内容にとどまらず、主に前半に広義のエッセイのように「よもやま話」を展開していることも多い。落語で言うところの「マクラ」のようなものとお受け取りいただければさいわいだ。本書でつづられているのは各都道府県・計62の「図書館をめぐる旅」だが、この「めぐる」は単に図書館巡りというだけでなく「図書館の内も外も含めたあれこれに思いめぐらせる旅」ということだと思っている。寝る前のひまつぶしでも知らない図書館の情報収集でも、お好きなペース、目的でお読みください。

とは言え、本書を開くことが「旅の入口」になることも期待している。旅情を感じていただけるように旅のさなかに見た景色などの写真をオールカラーで掲載し、自分で訪ねてみたくなった方のために公共交通の情報を可能な限り詳細に記した。一方で、図書館内の写真は1枚もないのでご注意ください。私は元・図書館員なので「館内撮影をしたい」という人への対応が難しいのを知っている。また館内の様子は写真の形に切り取ると意外にどこも代わり映えせず、現場の方をわずらわせてまで撮らなければならないものだとは思えない、というのが私の考えだ。とりあげた図書館の中がどうしても気になる、という方はぜひ実際に訪れて、その空間のあり方や雰囲気を感じてみて欲しい。

本書では5つの書き下ろしコンテンツをご用意した。まず、長い間あこがれだった熊本県天草市の御所浦図書館への旅を他館と同じ形でつづった。4つのコラム「路線バスはオホーツク沿岸をゆく」では訪問100館を超えた北海道内図書館の中からとっておきの旅を、「ソフトクリーム津々浦々」ではソフトクリームをはじめとしたご当地グルメの数々をご紹介。「図書館ウォーカーって、何を見てるの?」ではメインテキストでは不足しがちな図書館内の見どころについて触れ、「図書館に行くなら、ぜひ公共交通で」には公共交通旅ならではのお楽しみを挙げた。いよいよ本編のはじまりだ。今度もまた、言わせてください。

さあみなさん、旅のついでに図書館へ行ってみませんか?

目次

【九州・沖縄】

〈注記〉

・本書に掲載されている開館時間、休館日などのデータは２０２４年２月現在のものです。天候・社会情勢等により急遽変更される場合がありますので、事前にご確認ください。

・各ページのデータ項目にある記号は、交＝公共交通を使ったアクセス情報、住＝住所、開＝開館時間、休＝休館日、近＝近くのおすすめスポットです。所要時間は目安、また休館日は祝日・休日と重なるときは開館し、翌日休館の場合が多くなっていますのでご注意ください。

a library walker in HOKKAIDO

北海道

大空町女満別図書館(北海道)

図書館のロケーションを分類する時「まちなか」「駅近」「駅前」の3つを使う。この分類はあくまで図書館ウォーカーとしての個人的な感覚に基づくもの。私は車が運転できないので、旅先では公共交通を使わざるを得ない。だから分類するための起点が鉄道の駅になっているというわけ。

駅前と駅近の違いはけっこうざっくりだ。前者が駅から徒歩5分以内くらいで、後者は5分から所要分数二桁に届かないくらいをイメージしている。とは言え図書館のほとんどがまちなか分類に属する。また全国の図書館を訪ね歩いてきた経験から来るなんとなくの印象なのだが、駅前に属する館は新築されたものが多いように思う。図書館という施設に期待される役割が変わりつつあるのかもしれない。

今回はこれまで立ち寄った数々の駅前図書館の中から究極の1館をご紹介する。正確に言うと、駅の「前」ですらない。そう、駅舎と併設なのだ。私は駅前図書館のうち駅から信号を渡らずに入館できるものを「駅図書館」と呼んでいるが、駅舎一体型はさらに区別して分類している。

その名もずばり「駅図書館プレミアム」。今回ご紹介するのは北海道の大空町女満別図書館だ。ただし近年の新築ではない。JR石北線のこの女満別駅舎は平成2年に建てられたもので、新築館が多めな駅前図書館としては珍しい部類に入るかもしれない。

駅を出るとロータリーからまっすぐのびる上り坂が美しい。役場や商店が立ち並ぶ大空町の中心部はこの坂を上ってしばらく行ったところにある。街を歩くと石造りの蔵がいくつも目に入った。この地方の厳しい気候にびくともせず耐えてきた蔵たちに、思わずお疲れさまと声をかけたくなる。

図書館は小ぢんまりとしていて、まるで蔵の中の

石造りの蔵が並ぶ女満別の街並み

夏の女満別駅、装いも新たに

よう。２階では学生服を着た男子たちが、書架と書架の間の小さな閲覧机で肩をぶつけ合うようにして勉強していた。そんな限られたスペースの中でも郷土作家や町ゆかりの女性作家に関する資料をガラスケースに展示していて驚いたし、楽しめた。規模の小ささにとらわれず、地元文化についての発信や展示をきちんとおこなう図書館が私は好きだ。

駅は網走湖のほとりにあり、跨線橋を渡ってから数分で湖畔に出る。ただし私が訪ねたのは1月で、もう湖面が凍っていた。景色は青森市の自宅近くの雪原とあまり変わらず、かと言って凍った湖の上に立ってみる勇気もなくすごすごと駅に引き返した。

数年後の夏、女満別駅を再訪した。網走駅から空港行きのバスに乗って坂の上の街なかにあるバス停で降り、駅まで歩く。微妙に道がわからず一緒に降りた女性に訊ねると彼女も駅に行くそうで世間話しながら案内してもらう。駅前の坂の入口から表情が冬と全く異なる駅舎が見え、再会の喜びに歓声をあげると女性が怪訝な顔をした。

怖くて上に立てなかった凍った湖面

交 JR石北本線女満別駅に併設
住 〒099-2310 北海道網走郡大空町女満別本通1－1－3
開 火～金10時～20時、土日10時～18時
休 月曜、第４金曜、祝日、日曜日または月曜日が祝日の週の火曜日、年末年始
近 網走湖、女満別農業構造改善センターひまわり温泉

釧路市中央図書館（北海道）

こんな夢を見た。

私は老人になっており、長年連れ添ったパートナーとは死別したようで独り暮らし。残りの人生をひっそりと送るために北海道の釧路に引っ越している。そんな私が、釧路名物炉端焼きの店で一人の観光客を前に涙を流しながら食べている。彼女のいない日常などもう何の楽しみもないと思っていたのに、なんでこんなにうまいんやと言って泣くのだ。

大切な人を失った後どう生きるかというのはなかなか深遠なテーマだけれど、ここでは触れないでおこう。ただ、もしまた引っ越すとすれば行き先はどこがいいのかはよく考える。年齢的におそらく、そこが終の棲家になるだろう。釧路は「ＨＯ」という北海道ガイド雑誌に長期滞在者を多く受け入れていると書かれていて興味を持った。食べ物がおいしいのは折り紙付きだし、暑がりの私にとっては夏が涼しいというのがいい。

いかにも遠い釧路だが意外なところで津軽とつながっている。縁をつなぐのはこの街出身の建築家毛綱毅曠（きこう）。弘前市の中三デパートや青森市の青森中央学院大学本部棟は彼の設計によるものなのだ。ちなみに苗字は「けづな」ではなく「もづな」と読む。

釧路はいわゆる「文化度の高い街」だ。そこここをＳＦっぽい毛綱建築が彩っているし古書店の看板も目につく。出身文化人も数多く漫画家の層が厚い。今敏、板垣恵介、瀧波ユカリ、小畑友紀ら著名漫画家を輩出している。人口は17万人ほどで弘前市とほぼ同じだが、桜と違いオールシーズン楽しめるハイパー観光地釧路湿原があるためか、人口規模以上に栄えている印象だ。

釧路の中央図書館は２０１７年に完成したメイン通り「北大通」沿いの新釧路道銀ビル内。１～２階は北海道銀行釧路支店で、図書館は何と3～7階を占める。大都市圏の図書館でもなかなかない幅の利かせぶりだ。ビル内には図書館専用のエレベーターも設置されていた。館内デザインは青のカーペットと白基調の壁や書架、天井とのコントラストが現代的で新築館のフレッシュなムード。館内に数か所見られるガラス張りの展示や併設の釧路文学館の立派さなど見どころもたくさんある。

釧路の文化度の高さを表すものの一つに、市の教育委員会が出版する「釧路新書」がある。歴史や産業、風土など多彩なテーマで既刊本は34冊を数える。私は別の場所で1冊購入したが、図書館でも販売しているそうだ。図書館は2度目の釧路訪問時に行ったのだがその日は濃霧。世界三大夕日として有名な日の入りは見えなかったが、幣舞橋（ぬさまいばし）周辺のオレンジの街灯が空の霧を染めて美しかった。

いつかこの街に住むのだろうか。その日に備えてまた下見に来ようかな。

凍った春採湖の向こうに海まで望める

幣舞橋からの夕焼けが有名だが夜明けも絶景

霧の日は夜空が街灯色に染まる

交 JR根室本線釧路駅から徒歩7分
住 〒085-0015 北海道釧路市北大通10-2 新釧路道銀ビル3〜7階
開 9時30分〜19時30分
休 月曜、最終金曜、年末年始
近 生涯学習センターまなぼっと、春採湖

今度は絶対バスで行こう

泊村公民館図書室（北海道）

気がつけば訪問した図書館は5百を優に超える数になっていた。行くのが一番大変だった館は、という質問には即答できる。北海道後志地方の日本海沿岸部にある自治体、泊村の公民館図書室だ。なぜここに行こうかと思ったか。海辺の高台に建っていて、ほぼ絶対に「海が見える図書館」だから。

とは言え、一つの図書館を訪ねるだけの旅をするほど酔狂ではないので、後志地方を楽しむ旅プランの中にうまく組み込みたいところ。この時狙いを定めたのは日本を代表する観光名所、神威岬だ。神威岬には一度GW中のバスツアーで行ったことがある。天気も良くて有名な「積丹ブルー」を存分に楽しめたのだが、ガイドさん曰く「夏以降は海藻が剥げてきてもっと青が鮮やかになる」とのことだったので、それを見てみたかった。

再三書いているように私は運転免許を持っていない。公共交通を使って神威岬と泊村の両方を訪ねるには大まかに分けて小樽を始点とした2つのルートがある。バスで先に神威岬を訪れ、その後岩内町行きのバスに乗って泊で降りるか、先に小樽から岩内にバスで行き、神威岬行きのバスに乗るかだ。

ただし難点もある。神威岬岩内間のバス路線の本数が極端に少ないのだ。泊村で数時間つぶすのはちとしんどい。そこで裏技を使った。まず岩内町に行き同町にあるお寺「帰厚院」の無料レンタサイクルを利用して、人力で往復するというものだ。岩内発神威岬行きバスまでの持ち時間は3時間ちょっと、距離は9キロほど。行けそうな気がした。

ただ誤算が2つ。自転車が車輪の小さいミニタイプだったことと、泊村公民館までの道のりが予想以上に遠く起伏が激しかったことだ。北海道とは言え10月前半の晴天下はまだ暑く、岩内中心部を出た辺

相棒？の自転車を記念撮影

公民館前から見た海の絶景

りですぐバテた。しかしこの段階で中止なんてありえん。必死にペダルを漕ぎ続け、2時間くらいでようやく泊村公民館に到着。

海岸沿いの道路脇高台のさらに高台部分に建つ公民館は、内外から海の絶景。ロビーの熊の剥製も微笑ましいぞ。来て良かった。きれいで過ごしやすい図書室は内側で窓はなく直接海は見えない。煉瓦づくりの壁や券売所ふうのカウンターが面白い。

帰路は岩内からタクシーを呼んだ。協力してようやく自転車を押し込め、運転手さんと一緒に「やったやった」と小躍りして喜ぶ。町出身という彼が語る町の歴史などを拝聴する道中は楽しかった。おお、フロントガラスの向こうに羊蹄山が。

泊まで行ってきたと言うと、帰厚院の住職が飛び上がらんばかりに驚き「これ以上歩かせるわけにはいかない」と車でバスターミナルまで送ってくださった。徒歩10分なのに。神威岬行きバスはさっき自転車で進んだ道を苦もなく走り、見る余裕がなかった泊村の海山の絶景をたっぷりと見せてくれた。

どこまで続く泊村への道

交 北海道中央バス神恵内線臼別バス停から徒歩3分
住 〒045-0202 北海道古宇郡泊村大字茅沼村172-7
開 9時〜17時
休 土日祝、年末年始
近 茅沼の集落、帰厚院（岩内町）

天晴れな心意気の街では雨も止む

中川町 中央公民館図書室（北海道）

北海道のとある自治体で2000年に発見された恐竜の化石が正式に新種と判明、というニュースを見た。学名はパラリテリジノサウルス・ジャポニクスになったらしい。

その自治体、道北にある中川町は以前図書館を訪ねたことがあった街なのでなんだか嬉しくなってしまった。私は遠いこの街になぜ行ったのだろう。いくつか思いつく理由の一つに、百貨店で時々開催する北海道物産展がある。時々出店する道の駅なかがわ販売のステーキ弁当がうまそうなのだ。ただ、お値段もそこそこするため勇気が出ず何度も見送っている。今度売っているのを見つけたら、化石の新種認定を応援するつもりで必ず購入したい。

理由の2つ目は、あるショップの存在。それは東京の下高井戸に出店している「ナカガワのナカガワ」だ。中川町の特産品を東京にいながらにして買えるというありがたいお店。ただし正確に言うと単なるショップではなくサテライトスペースで、移住情報を含めた町のあれこれと都民をつなぐ拠点の役割を担っている場所だ。

今も「なぜ下高井戸なのか」については謎のまま。しかし道全体でなく自治体単独でこうした場所を設けようという心意気が良い。実はここにはまだ行ったことがなく、先に現地入りだ。中川町を訪ねたのは紅葉も終わりを迎え冬の気配が漂いはじめた頃。あいにくの小雨模様で、前泊地の岩見沢からの特急で過ごす3時間強はずっと憂鬱だった。私はかなりの雨男なのでこういう時はもうあきらめるしかない。

ところが街の中心駅、JR宗谷本線天塩（てしお）中川駅に着いたとたんに雨雲が風と共に去りぬ。晴れているうちに駅から歩いて10分ほどの天塩川を眺めに行くことにした。橋の真ん中にたどり着くと、ちょうど雲の隙間から太陽の光による「天使の梯子」が雄大な川面に伸びてきて、忘れがたい景色となった。

　高揚した気分を胸に町の図書館に向かう。川の堤防から下ったすぐ近くに建つ生涯学習センターちゃいむ内にある図書室だ。ちゃいむの外観は完全に学校校舎で、最初はどこにセンターがあるのかわからない。元は商業高校だったらしい。1階にある図書室は非常に明るく清潔で過ごしやすい。意外と奥行きもあり、人口2千人規模だと充分な質量の蔵書だと感じた。

　内装に町産木材が使われているのもいい。図書室でもらった町のパンフによると若い世代の移住者が増えているようだ。パンフのデザインも若者のセンスが反映されていてかっこいい。

　ぶらぶら散歩しながら駅に戻る。天塩中川は2014年に昭和28年開業当初の姿に復元改修されたレトロふう駅舎。復元工事はJRから駅の譲渡を受け町主体で行われたらしい。やはり心意気が良い街だ。

アンモナイトの化石でも知られるため、こんなオブジェも

天使の梯子が下りてきた天塩川

開店日限定のカフェもある天塩中川駅

交 JR宗谷本線天塩中川駅から徒歩15分
住 〒098-2802 北海道中川郡中川町字中川217-2 中川町生涯学習センターちゃいむ1階
開 10時〜17時30分
休 日曜、祝日、お盆、年末年始
近 天塩中川駅舎、天塩川

ほんとうに最東でいいですか？

根室市図書館（北海道）

旅に出ると、認識を改めさせられるようなことがある。自分が「当事者」の枠外にいると思っている出来事の場合は、特に。近いところでは東日本や熊本、北陸地方の震災、西日本各地の水害などだろうか。被災当時はテレビを中心としたメディアがその話題にかかりきりになるが、少し経つと「通常営業」に戻ってしまう。

そうすると、自分は当事者ではないと考えている人の多くが、その災害のことを忘れてしまうか、あるいは「復興」が果たされたのだと解釈する。ところが現地を訪ねると破壊された街やそこの日常の復興は少なく見積もっても何十年単位の長い長い道のりであり、ずっと「現在進行形」なのだと気づかされることになる。

JR北海道根室本線の根室駅を出た瞬間に、これと同じような体験をした。この街にとっての「現在進行形」は何かおわかりだろうか。そう、北方領土問題だ。駅を出るといきなり「返せ！北方領土」といった文言がいくつも目に飛び込んでくるのだ。それらを見て少し反省してしまった。

というのも、根室市図書館を日本最東館としてたびたびご紹介してきたが、この街の人にとっては「現状がどうあれ北方領土は日本」という意識なのかもしれないのだ。実際、日本政府は公的にはそのような立場をとっている。つまり日本最東という位置づけは一枚岩ではなく、択捉（えとろふ）島の図書館を指すべきなのかも。

政治的な話題はこの辺にしておこう。根室駅を出ると目にするものがもう一つある。駅前ロータリーからまっすぐ北北西方面に伸びる通りは下り坂になっていて、その先に小さく海が見えるのだ。根室市図書館はこの通り沿いに建っているので俄然「海

図書館前の駐輪コーナーにもこの言葉

移転前の飯田三郎資料展示室から見た海

が見える図書館」の期待が高まった。根室駅周辺は坂の街だ。駅はあえて言うならば高台にあり、海に向かって傾斜が厳しい坂道が続く。

行きたかった理由は立地だけではなく、惜しくも休刊した地方紙「根室新聞」が約1年の時を経てネムロニュースとしてリニューアルしたという情報を知り、実際の紙面を現地で見てみたかったのもあった。図書館入口前の駐車場に巨大なバーバパパのオブジェが立っているのが微笑ましい。館内からの海の眺めは、児童コーナーの端っこから少し見えるだけかと思ったら、2階にある飯田三郎資料展示室の窓が海側に開けていて絶景だった。

飯田は根室市出身の作曲家で、同郷の作詞家高橋掬太郎（きくたろう）とのコンビで作った「ここに幸あり」が代表曲だ。ところがこの展示室、私が訪問した後に徒歩20分ほど離れた総合文化会館内に移転したらしい。おそらく今はもう、展示室があった部屋に利用者は入れず、あの海の景色も見られなくなっただろう。ただ一度のあの絶景を、記憶に留めたい。

ご当地グルメの一つエスカロップ（こちらは「スペシャル」）

交 JR根室本線根室駅から徒歩10分
住 〒087-0049 北海道根室市弥生町2-5
開 金曜10時～20時、日曜10時～17時、金日以外10時～18時
休 月曜（祝日の場合翌火曜も）、祝日、年末年始
近 どりあん、道の駅スワン44ねむろ

column 01 路線バスはオホーツク沿岸をゆく

図書館併設の湧別町文化センターTOM

気がつけば北海道内図書館訪問100館の大台を超えていた。過去の道内図書館ウォーカー旅の中から、極めつきをご紹介しよう。湧別から宗谷岬までオホーツク海沿岸自治体を路線バスで北上する、夢の長大ルートだ。2022年8月下旬に実施した。

遠軽町営バスに乗り、まず湧別町南部の中心地「中湧別」へ。広大な平野の中にあり道の駅や温泉、かつて網走との間を結んでいた国鉄湧網線中湧別駅跡など観光スポットが目白押しエリアだ。中湧別図書館併設の文化センターTOMには度肝を抜かれた。弧を描く巨大な宮殿ふうなのだ。噴水まである。

サロマ湖にアクセスできる数少ない公共交通、湧別町営バス計呂地（けろち）・中湧別線で寄り道。湖西岸高台上にある道の駅愛ランド湧別はローカル感たっぷりの遊園地併設で、小さな観覧車に乗ると快晴もあり長大な砂州で遮られたサロマ湖とオホーツク海が遠望できた。高台下では空と雲を映す美しい湖面を至近距離で堪能。

町には海にほど近く、住宅や普段使いの飲食店が並ぶ庶民的な北の中心エリア「湧別」もある。日常的な空気が楽しくぶらぶら散策。街なかの湧別図書館は子どもが多くサードプレイスとして機能しているのが見てとれる館

紋別市から興部町に向かうバスにて

だった。湧別を出るといよいよ沿岸部、と言いたいところだがバスと海との間には広大な森や牧草地が横たわり、はるか向こうに細い線のような状態でしか海が見えない。

この日のゴール、紋別市の街並みが近づき道が高台の上になると、見える海が大きくなってくる。紋別は海に向かう下り斜面に作られた街だ。宿泊したホテルでは名産のホタテを使ったおいしい夕食や街と海が一望できる展望屋上を楽しんだ。翌朝は坂を上って高台の街を散策し、市役所など公共施設が集まるエリアに建つ図書館へ。窓からほんの少し海が見えた。すぐ上にある市立博物館もおすすめだ。

図書館近くのバスターミナルから北紋バス運行の興部（おこっぺ）行きに乗る。紋別以北はいよいよ本格的なシーサイド路線。高台上の道を行くバスから海の絶景を眺めていると「沙留」という小さな街に入っていく。思いつきで途中下車。だって「さるる」という地名がかわいいじゃないの。海水浴シーズンが過ぎ、誰もいない石浜の海岸が心に残る。散策の途中に興部町沙留公民館が建っていて、何とここにも小さな図書室が。館内はWi-Fiが使えて各種雑誌やくつろげるイスなども完備。

次のバスでたどり着いた興部町の中心部はやや内陸に位置する。病院も住宅も新しめの建物がとても多く、フレッシュな印象だ。ゆったりとした街づくりで空が広く感じた。対照的に町立図書館はレンガタイル張りのシックなデザイン。エントランス外の円柱がかっこいい！

道の駅で購入したソフトクリームを食べているとやってきたのが雄武（おうむ）町行きバス。興部の街を離れると左手に牧場、右手に海がひたすら続く高台の上の道を行く。町立図書館「雄図ぴあ（ゆ〜とぴあ）」は２０１９年に開館した新しい館で、館内からも海が見える。街の中心に建つ道の駅の展望塔も絶景だ。子ども二人が展望室の床に座り込み遊んでいるが、日光にあぶられガラス張りで窓もなく暑さが半端ない。それでもここが貴重な遊び場所なのだろう。図書館にも学生がたくさんいて、こちらは広々として居心地が良い空間だった。

この日のゴールは枝幸町。北紋バスは雄武までで、これより北は宗谷バスとなる。同乗者は私の他に学校帰りらしき女子一人だけで、彼女も途中で下りていった。海を右手に、空が少しずつ夕闇に移ろいゆき、やがて車内照明が点灯される美しい時間の流れに一人で浸る。枝幸はこれまでの街とは違い海抜が低い漁師町だ。翌朝は浜頓別町行き出発までのんびり散策。併設の公共施設に入ってしまったらしく、迷って職員さんに訊けば何と、いくつか部屋の中を通り抜ければ図書館に行けるそう。建物探検しているようで面白かった。2階の窓からほんの少しだけ海がのぞけた。

個人的に萌えた興部町立図書館の柱のデザイン

バスタから独立？した浜頓別町立図書館

この日は曇り空でオホーツク海も灰色だ。ウスタイベ千畳岩や北見神威岬といった観光スポットも足早に通り過ぎ、バスは湿原ふう地帯を越えて内陸の街なかに入っていく。浜頓別ではかつて大学の先輩が働いていた。図書館は全国的にも珍しいバスターミナル併設だったが、近くに新設された道の駅内にバスタが移り、改修後に単館として再出発した二重に激レアな館。

図書館訪問後は西に歩いてクッチャロ湖畔の温泉へ。地元のおじさんの会話を聴きつつお湯を楽しんでから、湯冷ましがてら湖畔散策。幼稚園児がスケッチに来ていて近くにはテントを張る人たちもちらほら。予想外ににぎやかだ。少しずつ晴れてきて湖面が鮮やかに。バスタに戻る途中には道の真ん中にちょこんと立つリスに出合った。

次はこの旅最大の山場。日本最北の村として知られ、ホタテ漁で稼ぐ平均所得全国トップ10常連の猿払村だ。村の図書室は内陸に数キロ入った中心部「鬼志別」に建つ農村環境改善センター内にあり、開館日時が火水金土限定かつ12時～18時で、都合の良いバスは日にたった2本のみ。秘境駅ポイントふうに言うと「到達難易度」がめちゃ高なのだ。

なので旅はこの図書室訪問を起点に計画したのだが、小高い丘の上のセンターに着くと「コロナ対策のため村民以外入館不可」の非情な貼り紙。うおおい。気を取り直しバスで海沿いの道の駅へ。併設の公衆浴場で汗を流し、ソフトクリームを舐めつつ数キロ北のバス停まで散歩。雄大な海や牧草地を眺めていると「図書室に入れなくても充分いい旅だよ」と実感する。バス停近くの住宅裏には野生のシカたちがいてびっくり。

この日泊まった民宿は食堂で他の人と肩を寄せ合って夕食をとるさまがどことなく山小屋っぽい。かつて登山少年だった私には懐かしい雰囲気だ。名産のホタテを使った家庭料理がおいしかった。集落も静かで近所の人の会話がかすかに聞こえてくるのもゆったりして良かった。

さあ、いよいよこの旅も最後のバスだ。午前6時台の始発に乗車のため、朝食はおにぎりを包んでいただく。おかみさんがサービスで自家製プリンも同封してくださった。「廃線になって欲しくないのでバスに乗って来ました」と言うと「まあ、ありがとうございます」とお礼を言われる。最近はバスで泊まりに来る人も増えているそうだ。通り過ぎる時にバスに向かって手を振ってくださって、ほっこりした。

バスは朝の陽射しを浴びながら漁港をいくつも通り過ぎ、気がつくとゴールの宗谷岬だ。高台の宗谷岬公園から日本最北の海を見下ろしながら、鮭や昆布がぎっしりつまったおにぎりをガブリ。うまい。このスペシャルな旅の締めくくりとしてふさわしいごはんだ。達成感とともにかみしめた。

私はこの後、稚内から利尻島に渡る。その様子は前作掲載コラム「移住体験で利尻島図書室めぐり」に詳しいので、ぜひそちらで続きをお楽しみください。

猿払村のオホーツク海

a library walker in TOUHOKU

東北

本州最北端の絶景展望塔図書館

大間町北通り総合文化センター図書室

（青森県）

これまで観光的視点から勝手にいろんな分類を作ってきたが「展望塔がある図書館」もその一つ。私の分類はいつもゆるいので、必ずしも図書館から直接展望塔が伸びている必要はなく、同じ敷地内だったり誰でも入れる展望コーナーを備えた高層ビル内に図書館がある、などでも良い。

これら図書館に付随する展望コーナーで最も高いところに位置するのはどこか。私が調べた限りでは市川市のJR市川駅南口にあるアイ・リンクタウン展望施設だ。地上150メートルからの眺めは遠く東京湾まで見渡せる、まさに絶景だった。ちなみに図書館は同じビルの3階にありとても小さいが、近隣利用者や自習する学生でかなり混んでいた。

ここは別格扱いとして、青森県内にも個人的「推し館」がある。それは大間町の北通り総合文化センター図書室だ。センターには「翼を持つ鳥たちのように自由に集い、ここから飛躍しよう」という意味を込めてウイングという愛称がある。ここには地上25メートルの展望塔があるのだが、かなりの高台に建っていて海抜も足せばけっこうな高さになるはず。

柔道で言うところの合わせ技一本的な感じか。話がわき道にそれてしまうが、合わせ技一本は国際試合のルールから消され、廃止状態だったことがあるそう。閑話休題。ウイングの展望台に海抜をプラスするのが「あり」なのは、高台と言っても比較的海の近くだから。展望塔だけでなく図書室内からも直接海が見えた。そう、ここは海が見える図書館でもある。

さらにさらに、この図書室にはもう一つの称号が与えられるべきだ。それは「本州最北の図書館」。天気が良ければ海の向こうに北海道も見えるから、まさに北端と言っていい。こんなにスペックてんこ盛

大間の住宅街をそぞろ歩き

展望塔から海の絶景。北海道も見える

りの図書館だが、地元住民以外の人が公共交通を使ってアクセスするのはすこぶる難しい。

下北半島で一番の中心部である田名部からバスで1時間20分近くかかるし本数も少ない。おまけに最寄りのバス停はなんと「臨時扱い」なのだ。設置場所も建物の裏口だった。

乗る時に運転手さんにあらかじめ「ウイングで降ります」と行っておかないとバスは素通りしてしまう。ちなみにここから乗る時はバス停の前に立ってバスの姿が見えたら挙手して停まってもらう。以上、私は運転手さんに教えていただいて事なきを得た。下北交通の運転手さんによるご説明がとても親切だったことをここに特筆しておこう。

ウイングには温水プールや屋内運動場、文化ホールもある。ご当地ネタとして、1階には原子力への理解を深めるための常設展示もある。原子力コーナーはもちろん図書室内にも展開されている。周囲は海だけでなく牧場と森なのでどう転んでも絶景だ。ピクニック気分でいかが？

大間崎に向かう道でカモメたちの歓待

交 下北交通バス佐井線大間ウイング前バス停から徒歩すぐ。
乗車時にここで降りることを申告要（本文参照のこと）

住 〒039-4601 青森県下北郡大間町大字大間字内山48－164

開 9時~17時

休 月曜（祝日の場合は翌火曜）、年末年始

近 大間崎、寺川食堂

桜の名所が入れ子構造

十和田市民図書館（青森県）

図書館に限らず水族館や美術館など、およそ「館」とつく施設はおしなべて中身だけが語られる傾向にある。どんな本を所蔵しているとか常設展示のどの作品がすばらしいとか。それは当然のことなのだが、もっと「外」、つまり周りの景観などについても触れられるようになったほうが面白いのではないか。

　というのも、ドラえもんが自慢気にどこでもドアでも出してくれない限り、その施設に行く道すがら見聞きするもの、経験する時間が絶対に生じるわけだから、そこにも触れたほうがより楽しくなるはず。というひねくれた考えのもとに書かれているのが本連載なわけなのだけれど、図書館の場合は他の「館」よりも地味になる可能性が高い。なぜかと言うと地元密着型の施設で地域住民に普段使いしてもらうため、アクセスが容易な立地になっていることがほとんどだからだ。つまり、人里離れた絶景の地に図書館は建っていない。そんな条件下においても、この連載では海が見える図書館や展望塔のある図書館、そこまで派手でなくても周囲のささやかな情景をつづってきた。

　今回ご紹介するのは、春になると誰もが心待ちにする「季節限定絶景」、桜の花を楽しめる図書館だ。桜の良さは一本から数万本まで規模を問わずにその人なりの「名所認定」ができるところだと思う。桜が見られる県内館の例で私がすぐ思いつくのは十和田市民図書館。同館はそもそも立地が県内、いや国内有数の桜の名所として知られる官庁街通りに面しているので、通り側の壁一面に張られたガラスを通して咲き誇る桜が眺められるようになっている。

　しかしひねくれ者の私が推したいのは「館内」にある桜の名所。周囲を大きなガラス窓のある閲覧室に囲まれた中庭に一本、桜の木が立っているのだ。

たった一本だけれど、これがとてもいい味を出している。満開の頃なら、時々はらはらと舞い散る花びらに目を奪われてしまうだろう。

実際、読書中の本から目を上げてしばらく見つめている利用者もちらほら。コンクリート打ちっ放しのシャープな図書館のデザインとのコントラストも妙味だ。安藤忠雄が手がけたここは、名建築図書館でもある。

ところで十和田は不思議な街で、何度か足を運んでいるのだが行くたびに街のにぎわいが増しているような気がする。観光客も増えているし。最初に訪ねた時はまだ鉄道の十和田観光電鉄線がある頃で、おそらく十数年前だったと思うがその時が一番寂しい感じがした。

街の勢い増加の理由はよそ者の私にはわからないが、地方でこういう街は今や珍しい。好ましくもうらやましく感じている。今度十和田の街を訪ねたら、水路状になっている稲生川沿いを歩いてみたい。この街はまたにぎわいを増しているのだろうか。

期間限定解放の市役所展望テラスから見た桜並木

図書館は官庁街通りの桜並木に面した一等地

市中心部のアーケード商店街

交 十和田観光電鉄バス十和田市中央バス停（十和田市行き全路線）から徒歩15分
住 〒034-0081 青森県十和田市西十三番町2－18
開 9時~20時
休 第4木曜、年末年始
近 十和田温泉、Cafe Happy TREE

青春の歩みは図書館へと続く

弘前市立弘前図書館（青森県）

本連載は「図書館」という単語が入っているものの、基本的には旅エッセイのジャンルに入ると考えている。まあ図書館コラムと受け取っている読者はほとんどいらっしゃらないとは思うけれど。旅ものであるという自覚からか、自分のこれまでの居住地の図書館について語るのは避けてきた。しかしもともとあいまいなテーマ設定で書きはじめたものでもある。時々はそういう館もとりあげてもいいだろう。

私は神戸生まれ大阪育ちだが、大学は弘前市だった。在学中の4年間は故郷を離れて一人暮らし。大阪が好きでなかったこともありそれからは帰阪することなく東京、青森市と転々の人生だ。仕事も転々としてきたが、前職の図書館員の経験を活かし今はこうして図書館がらみのエッセイを書いている。仕事の中に図書館が占める割合が大きいからか、私を「図書館に人生を捧げている」ふうに見る人もいる。

天才プロレスラー武藤敬司に倣って言えば「図書館ＬＯＶＥ」という感じだろうか。実像は全然違っていて、図書館にそれほど思い入れがあるわけではない。そもそも、私は大学入学までは図書館ユーザーですらなかった。住んでいた大阪南部の街の図書館は実家から遠く、高校の図書室には自分が読みたい本はほとんどなかった。幸い両親が読書家で家にたくさん趣味の合う本があったし、欲しい本は言えば買ってくれることも多く読書面に関してはかなり甘やかされていた。

大学入学を機に一人暮らしすることになり、私が最初にしたのは弘前市の公共図書館の利用者登録をすることだった。しかし市立図書館はアパートから遠かった。地図アプリであらためて調べてみると3キロ近く離れている。よくよく考えたら、実家から故郷の最寄り図書館までの距離より遠いのだ。

一生に一度は見て欲しい弘前城公園の桜

裏から見た姿。無料見学できる旧館（左）も見どころ

しかし若き日の私は知識欲の塊だった。なんと毎週通ったのだ。雪が積もる冬は歩いて一時間くらいかかったし、他の季節には自転車で通っていたが2年生時に盗まれ結局徒歩通いに変わった。大学を卒業する頃には「もうこの館には読みたい本がない」と錯覚するほど読みまくった。まぎれもなく青春の一頁だったと思う。

記憶に残る所蔵資料はプエルトリコ系アメリカ人ジャズ・トランペット奏者ジェリー・ゴンザレスの「オバタラ」というCDだ。図書館の視聴ブースで聴いてその音楽に衝撃を受けた。それから二十年以上経ち、所用でひさしぶりに同館に立ち寄ってみたがオバタラは見当たらなかった。借りられていたのなら、今も利用する人がいてとても嬉しい。

卒業後は東京で複数の区の図書館のヘビーユーザーになり図書館員になってからその経験が活きた。そして今はその職歴を活かし、こんな連載を書くことになった。人生はどこかでつながっている。深い雪の中、図書館へと歩いたあの日にも。

前川國男設計の弘前市庁舎（左）と弘前城外濠

交 弘南バス土手町循環100円バス市役所バス停から徒歩2分
住 〒036-8356 青森県弘前市大字下白銀町2-1
開 平日9時30分～19時、土日祝9時30分～17時
休 第3木曜（祝日の場合は翌日）、年末年始
近 弘前城公園（特に桜の季節）、まわりみち文庫

山田町立図書館（岩手県）

図書館のさまざまな「日本一」を勝手に設定して訪ね歩くのも面白いのでは。情報を調べるのが比較的簡単なのが「東西南北」だと思う。日本で一番〇にあるのはどの図書館か、というものだ。最北は稚内市立図書館、最東は根室市図書館、そして南と西は石垣市立図書館が二冠達成だ。しかしこれだと3館で終わり。図書館所在地の東西南北についてもう少しだけ調べてみよう。

例えば本州の最〇はどこになるのか。本州最北の図書館は我が青森県の大間町北通り総合文化センター図書室だ。実はここ、北海道松前町の図書館よりも北にある。最南は和歌山県の串本町図書館、最西は山口県の下関市立彦島図書館だ。彦島図書館は彦島という島の中なので、あくまでも本州内にこだわるなら同じ下関市の豊浦図書館が最も西にあたる。

今回は本州最東の図書館への旅をご紹介する。岩手県の山田町立図書館だ。三陸鉄道の陸中山田駅隣接のふれあいセンター「はぴね」内にある。図書館勝手ゴライズふうに言うと「駅図書館」だ。

日本全国で鉄道路線の廃線が続いている。集客に努めなかったと運営会社を責めるのはたやすいが、一方で私たちは車社会への片道切符を手放せない。半ば冗談半ば本気なのだが、鉄道の衰退を食い止めるためには週のうち4日しか車を使ってはいけないなどの法律を作るしかないのではと思う。また地域住民にとっては、移動の用さえ足せれば必ずしも鉄道でなければいけないということもない。発着時刻の正確性と搭載人数の差だけがネックだ。

そんな中、三陸鉄道は東日本大震災という未曽有の被災をしながらも復旧した稀有な鉄道路線。地域住民の強い希望があっての復活ということも特筆すべきだ。と言うのも、以前観光に力を入れている某ローカル線沿線を旅している時、車内でこんな言葉を聞いたから。鉄道駅は集落から離れているのでバスに力を入れてもらったほうがありがたい。地元の方がそう話していた。

東日本大震災で大きな被害を受けた街の多くが「自慢の海」を持っている。山田町は船越半島と明神崎を陸の両端にして、ぐるりと円状に囲まれた山田湾の景観が美しい。陸中山田駅は山田湾を取り囲む弧の半ばあたりに位置し、オランダの風車を模した駅舎がさわやか。見上げていると心なしか海からのそよ風を感じる。

図書館は2016年に開館。館内はぴかぴかのフローリングと明るい色合いの木材、白い壁が特徴的だ。中庭を囲む壁や天井の大きなガラス窓からの採光もたっぷり。図書館の入る「はぴね」は複合施設と言うより限りなく単館に近い。小中高生世代の居場所と図書館の2つの役割を担っているそうだ。甚大な被災を乗り越え未来を見据えていることを感じさせられた。

美しい山田湾の眺め

オランダの風車を模した駅舎がかわいい
陸中山田駅

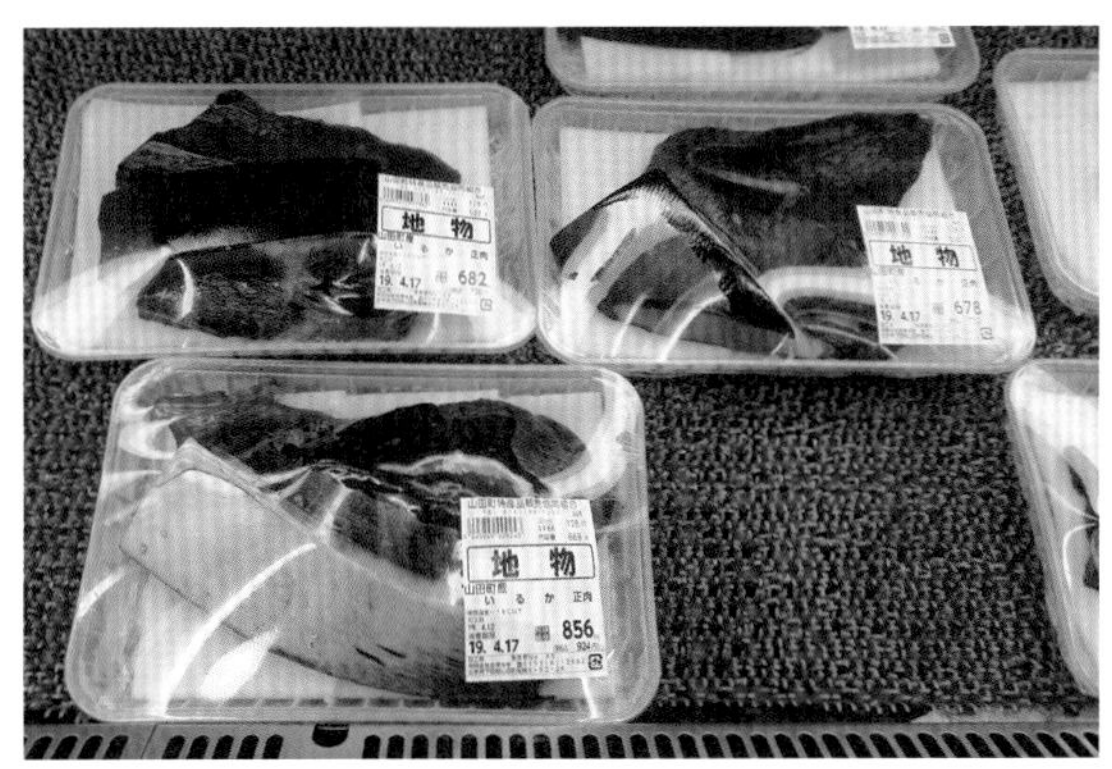

あまり見ることのないイルカの肉

交 三陸鉄道陸中山田駅併設
住 〒028-1342 岩手県下閉伊郡山田町川向町7-24 山田町ふれあいセンター「はぴね」内
開 火～土9時～19時、日祝9時～17時
休 月曜、月最終金曜、年末年始
近 びはんストアオール店、浦の浜海水浴場

坂の街に建つ図書館のゆるやかな日常

気仙沼市唐桑コミュニティ図書館（宮城県）

はじめて訪れた気仙沼の街は「平らだ」という印象だった。あの大震災からまだ2、3年という頃なので、もう10年近く前ということになる。なぜ平らに感じたのか。

津波で軒並み建物が破壊しつくされて、更地になってしまっている部分が広大だったからだ。それから何度もこの街を訪れた。だんだん街が整備されて新しい日常が作り直され、人の息遣いが感じられるようになると、ようやく本来の姿が見えてきた。

ここは「坂の街」だったのだ。起伏が激しく海岸線の湾曲も複雑極まりないリアス式海岸を土台とした街の構造は、必然的に上下に広がり、坂で行き来するものになる。津波被害の記憶だけでなく、海産物が豊富で漁業が盛んなことから気仙沼は長らく「海の街」のイメージが強かった。と言うか、知識のない私はそのように受け取っていた。

だが現地を訪ねてみると、街の起伏の激しさ、坂の多さに驚かされるのだ。海側から見てもその険しさは一目瞭然。一度こんなことがあった。ネットで評判の新築カフェを訪ねた後、グーグルマップでJR気仙沼駅に行く近道を探したら、小さな山を越える道を示されひいひい言いながら登ったのだった。

地図で見ると、複雑な気仙沼市内においてひときわ鋭さを帯び目立っているのが唐桑半島だ。まるでのこぎりと槍を合わせたかのような形状で、この地域の名物でもあるサメの歯をイメージさせる部分もある。この半島のことは前から気になっていたところへ、おあつらえ向きに市図書館の分館があることが判明した。ある夏の日、ゆっくり時間をとって同館を訪ねてみた。

気仙沼から半島までのバス路線、宮城交通バス通称ミヤコーバスの御崎線は1日数本の往復しかない。

ご当地スーパーでお魚の輝きを浴びる

ここもまた「坂の街」

数少ないそのうちの一便に揺られて降ろされたのは意外にも、山間の集落といった感じの小さな街の中だ。バス停すぐ目の前の食堂も昭和レトロな佇まいで、ちょっとしたタイムスリップ感がなくもない。曲がりくねった細い道をいくつか進むと、目の前に坂が見えてくる。

坂を上りきった丘の上に、ゆるいとんがり屋根を持つ小さな唐桑分館が建っている。すぐ横には幼稚園があり子どもたちの歓声が聞こえてきた。地図上ではすぐそばの坂の下に海があるのだが、森で遮られて見えない。

ただ高台にあるためか網戸を通して館内をそよ風が通り抜け、強い陽射しの中でも涼しかった。とんがり屋根部分まで吹き抜けになっていて、面積のわりに広々として感じる。小学生らしき女の子が一人勉強している。この情景がここの日常なのだろう。

またいい図書館に出合えた。その満足感を胸に、さらに街歩き。地元スーパーなどをのぞきつつ少し北の石浜漁港へ。きらきらと輝く海が美しかった。

思わず歓声をあげてしまう唐桑の海

交 ミヤコーバス御崎線唐桑総合支所前バス停から徒歩7分
住 〒988-0535 宮城県気仙沼市唐桑町馬場143-1
開 火~金10時~18時、土日9時~17時
休 月曜（祝日の場合翌火曜も）、第4木曜、祝日、年末年始
近 石浜漁港、フレッシュスーパーからくわフードセンター

秋田市立土崎（つちざき）図書館（秋田県）

シリーズものにおいては、時々「神回」が生まれることがある。真っ先に思いつくのが週刊少年ジャンプに連載していた大ヒット作「BLEACH（ブリーチ）」の第170回。

最強の悪役の一人、藍染惣右介（あいぜんそうすけ）が漫画史上に残る名言を放つのだ。それも2つ、「憧れは理解から最も遠い感情だよ」と「あまり強い言葉を遣うなよ　弱く見えるぞ」だ。1つだけだったら、よくある傑作回止まりだったかもしれない。しかし2つ連発で神回に。こんなに人間社会の本質をストレートに言い当てたセリフもなかなかない。作者にはこの時、創作の神が憑依していたのだろう。

神回と言えば、NHKの人気番組「ドキュメント72時間」が放送開始から丸10年を記念して、歴代トップテンを決定した。ご存じない方に番組内容をご説明しよう。例えば「海の見える老人ホーム」のようにロケ地を決め、文字通り72時間張り込んでその場所を行き交う人々にインタビューするというコンセプトのドキュメンタリー番組だ。

栄えあるオールタイムベスト回に輝いたのは、おそらくこの番組のファンなら誰もが認めるだろう神回だった。その回のタイトルは「秋田・真冬の自販機の前で」。秋田市の土崎港近くに設置されたうどん&そばの自販機と、そこに集う人々にフォーカスした内容だ。他の傑作回の数々にくらべると登場した人たちのドラマもやや薄味なのだが、なぜか見ていて引き込まれる。

うどん自販機には個人的な思い出もある。私が中学に入るくらいまで、我が家はとても貧しかった。そんな頃、一度父と一緒に自販機のうどんを食べたことがあった。「なかなかうまいなあ」と言って笑うまだ若い父の顔をかなり鮮明におぼえている。当時の私たちにとって、あれはまぎれもなく心豊かなぜいたくの時間だった。

　残念ながら72時間の主人公になった自販機は引退し、設置されていた自販機コーナーも駐車場になってしまった。そんな神回の舞台になった街、土崎にも図書館がある。秋田市立土崎図書館は、JR奥羽本線土崎駅を出て右、徒歩で3分もかからない場所に建っている。同館の目玉は何と言っても2階にある「種蒔（たねま）く人資料室」だろう。

　種蒔く人は土崎港発祥の同人誌で日本プロレタリア文学のはじまりと言われている。同誌はやがて東京の著名作家らを巻き込んで一つのムーヴメントになっていく。ということを資料室の展示で学んだ。旅先の図書館のこういう発見が楽しい。

　充実した気分で土崎駅周辺を散歩する。すると神社境内ですばらしいグルーヴのお囃子が聞こえてきた。見ると高校生くらいの若者たちの練習だ。音楽ライターの私を驚かせるほどの巧みな演奏。この時の土崎訪問は、私にとっての神回になった。

土崎港曳山まつりが描かれたマンホールの蓋

高校生たちの名演が聴けた土崎神明社

散策していて見つけたあじさい密集地

交 JR奥羽本線土崎駅から徒歩2分
住 〒011-0946 秋田県秋田市土崎港中央6-16-30
開 平日10時~19時（小学生以下の利用は17時まで）、土日祝10時~17時
休 月曜、月末日（土日祝・振替休日の場合は直前の平日）、年末年始
近 土崎神明社、ポートタワーセリオン

上山市立図書館（山形県）

中年世代の日本人男性としてはかなり身体が大きいほうだからか、旅先では宿でも街歩きでも手足をゆったり伸ばせる温泉や公衆浴場に入りたくなってしまう。特に温泉は全国各地に存在するし、医療的な効果もある。温泉ライターの高橋一喜（かずき）さんによれば、日本には約3千以上の温泉があるらしい。もっとも、街中の至るところで温泉が出ている例はそれほど多くないと思う。

私は、大阪に帰省したり仕事でよその地方に行った時に会う人に、住んでいる青森市の自慢話をするのが好きだ。決まって驚かれるネタの一つが「銭湯のような感じで街のあちこちに温泉がある」。

これほど「温泉率」が高い自治体はそんなにないのでは。特に温泉に詳しいわけではないけれど、ぱっと思いつくのは別府くらいしかない。つまり、青森市は別府クラスの温泉自治体。市民のみなさんはぜひこれから自慢しまくってください。

というわけで今回は、温泉を売りにしている自治体の図書館をご紹介することにしよう。ここ数年のうちに訪ねた中で印象に残っているのが、山形県の上山市だ。同市の「かみのやま温泉」には、温泉が楽しめる旅館やホテルもいくつかあり、誰でも入れる共同浴場も何ヵ所か存在する。

泉質などに特にこだわりはないかわりに気になるのはロケーションのほう。もし図書館がそばにあれば両方楽しめるじゃないか。上山市立図書館はまさにそういう立地なのだ。中心駅のかみのやま温泉駅は、山形駅からJR奥羽本線で南下してたった十数分。列車は高台を走り、左側車窓からは眼下に田園、正面には蔵王連峰を眺めることができる。

まずは駅から歩いて10分足らずの場所にある二日町共同浴場「あいさつ浴場」で入浴。上山は城下町

橋を渡ればあいさつ浴場

ふつかまち PLAZA5 階から見た上山市街地

のため か道の分岐や曲がり方がとても複雑で、街歩きが楽しい。所要時間の倍以上の密度の散歩が味わえるだろう。あいさつ浴場も小川を渡った橋の向こうにあり隠れ家っぽい。橋の欄干にタオルを干してあるのも微笑ましかった。

とても小さな施設だが、お湯は温度高めの本格派。男性浴場はたまたま私一人だったが、換気用に開けられた網戸の向こうから地元の女性たちらしき方言混じりの会話が聞こえてきて面白かった。

市立図書館はこの共同浴場から歩いて数分ほどの複合施設「ふつかまちPLAZA」の5階にある。場所が近すぎて風呂あがり後の汗が全然引かない。首からタオルをかけて入館した私は完全に不審者だったが、湯治客や地元の人も湯冷ましがてらの図書館利用をしているんじゃないだろうか。

近辺随一の高いビルなので大きな窓から市街地が遠くまで一望できる。城主気分が味わえる隠れた絶景図書館だ。帰りは館内から見た街をぶらり。このひなびた情景も、温泉と同じく癒し効果抜群だった。

落ち着いた街並みの中を流れる前川

交 JR奥羽本線かみのやま温泉駅から徒歩8分
住 〒999-3143 山形県上山市二日町10-25 ふつかまちPLAZA5階
開 祝日以外9時～19時、祝日9時～16時30分
休 水曜、振替休日（水曜と重なる場合は翌日も）、年末年始
近 二日町共同浴場「あいさつ浴場」、上山城郷土資料館

旧館は明るく労って別れよう

酒田市立中央図書館（旧）（山形県）

もうすぐ見られなくなる。そう聞くとなぜか人はそこに足を延ばしたくなってしまう。近年はＳＮＳなどで情報が向こうから入ってくるからなおさらだろう。数十年の歴史に幕を下ろそうとしている下町の老舗食堂にかつてないほど大量の客が押し寄せたり、廃線間近の鉄道路線で首都圏の通勤時間帯以上の混雑になったり。

図書館員になる前にバイトしていたＣＤショップが閉店し失業した経験があるので、そうした「最後のあだ花」的な盛り上がりには冷ややかな感情を抱いてしまう。普段あなたたちが来なかったから閉じる羽目になったんじゃないか、と。

とは言え廃業する理由はさまざま。業績不振だけでなく高齢や病気など体調面による閉店も多い。若年人口が少ない地方の小都市に行くと、二度と開けられることのないシャッターにそうした事情を書いた貼り紙があるのをよく目にする。近年では公共交通の運転手不足も問題となっている。

今回ご紹介するのは今まさに「もうすぐ見られなくなる」状態にあり、２０２２年の春にその任を終えようとしている図書館だ。ただし図書館の場合は改築や移転のための閉館なので、永遠の別離ではない。日常的に利用していた地元の人たちも「今までありがとう」と明るく別れられるだろう。

その図書館とは山形県の酒田市立中央図書館。現在地はＪＲ羽越本線酒田駅から歩いて10分強の総合文化センター内だが、酒田駅前の交流拠点施設ミライニに移転し再開館する。ミライニは２０２０年11月に一部オープンしており、最終的に観光案内所やバス停併設の複合施設となり、ホテルやマンションも隣接する街の一大拠点となる。全国的にも珍しい宿泊施設隣接の図書館にもなり興味津々だが、今の中央図書館もなかなか魅力的だと私は思う。

図書館のある総合文化センターは閑静な公園内に建ち、赤レンガタイルが全体を覆うずっしりとした建物だ。しかし中に入ると印象が一変する。4層吹き抜けのトップライト仕様によるガラスの天井から日光が降り注ぎ、明るく広々とした空間がはるか上空まで広がっている。

私が入館した時は、清掃係の女性が日光に照らされた床を掃除機で清掃中。4階吹き抜けの館内に作動音が響く中、女性の影がくっきりと見えてなかなか詩的な情景だった。ホールや中央公民館など公共施設がいくつも併設されているため、図書館が建物内に占める割合は決して高くない。小ぢんまりとした街の図書館という印象だった。

酒田市は山形県内で人口3位。リニューアルでさらにその規模にふさわしい館になるだろう。幸いなことに、総合文化センター自体は移転後も健在だ。新館オープン後は、街を散策がてらぜひこちらも併せて訪ねてみてください〔執筆は2021年7月〕。

天井から明るい光が降り注ぐセンター内

鳥海山を眺めながら街歩き

移転後の新中央図書館（2022 年 5 月グランドオープン）
があるミライニ

交 JR羽越本線酒田駅から徒歩15分（旧館）
住 山形県酒田市中央西町2-59 酒田市総合文化センター（旧館）
開（新中央図書館のもの）月～土9時～ 21時、日祝9時～19時
休（新中央図書館のもの）第2、第4水曜
近 山居倉庫、三日月軒のチャーシューワンタンメン

次においでになった際に、ご返却ください

会津川口駅 只見線駅文庫

（福島県）

人は期間限定とか地域限定、タイムセールとかいう惹句に弱い。そこにはついつい食指が伸びてしまう悪魔がひそんでいる。鉄道ファンにとっての「1日に○本しか運行されていない」という言葉も同じかもしれない。

もう廃線になったJRの岩泉線や札沼線などはその典型。早朝と夜しか列車の運行がないとか午前10時台が終電とか、なかなかのインパクトだ。国鉄華やかなりし頃の路線には山奥で採れた石炭や木材を運ぶためのものも少なくなかった。そうした資材の必要な時代が終わると沿線の集落も消え、やがて廃線になるのも致し方ないように思う。

そんな中、福島県の会津若松駅と新潟県の小出駅を結ぶJR只見線は気を吐く。もともと1日数本しか運行されていないのに加え２０１１年の豪雨で被災し、以来10年以上会津川口～只見間は代行バスのままだった。近年は水害でローカル鉄道路線が運行不能になり、そのまま廃線というケースが増えてきた。そんな状況下であるにもかかわらず、只見線は２０２２年10月に全線復旧している。

春と夏に一度ずつ乗ったが、かねてからの評判通り車窓から望める川の絶景は確かにすばらしい。連なる山々と穏やかな川面の緑はともに美しく、カメラを収めるひまがない。最近は地元の観光案内所職員が列車に同乗し、旅行者のために撮影スポットを事前に教えてくれるサービスも開始している。

只見線は、郷土写真家星賢孝氏が撮影した只見川第一橋梁の写真により「再発見」された。ただ、列車の外から撮影した写真が喚起するのはあくまで撮影欲であって鉄道利用欲ではないと思う。旅の途中に鉄道写真スポットを通りかかることもあったが、基本的に「撮り鉄」の人たちのほとんどは車で来てい

駅の目の前には傾斜の険しい街並み

とても立派な会津川口駅。
構内には売店もあり

た。観光客の鉄道利用を促したいなら列車内からの絶景を推していくほうが良いだろう。

只見線のほぼ中間地点、ホームから只見川の絶景が楽しめる福島県金山町の会津川口駅の近くにも撮り鉄の聖地がある。鏡のような只見川の流れに映える大志集落のカラフルな屋根を望める、かねやまふれあい広場だ。

金山町には残念ながら図書館にあたる公共施設がない。かわりに２０１９年から開始された試みが「只見線駅文庫」。一見よくある駅待合室設置の時間つぶし読書用の本棚だ。柳津（やないづ）町の会津柳津駅にも同様の本棚がある。この駅文庫の独自性は観光客も借りられるというところ。次回来た時に返して、という方針でリピーターづくりを図っている。所蔵書籍は県立図書館の除籍本がメインだ。

会津川口駅舎はＪＡと郵便局が併設された立派な建物。将来的に舎内のどこかに図書館的な施設ができて「駅図書館プレミアム」になれば面白いのに。全線復旧後の、そんな未来を想像してみた。

只見川と会津川口駅舎を遠望

交 JR只見線会津川口駅構内
住 〒968-0011 福島県大沼郡金山町川口字森ノ上
開 始発~最終列車運行前後（駅舎に入場できる時間内）
休 なし
近 ホームからの只見川の眺め、上井草橋

南相馬市立中央図書館

（福島県）

図書館ウォーカーという旅のあり方の最も特殊な点は、図書館を訪ねることを目的の一つにしているにもかかわらず、もし図書館が閉まっていて入れなくても一向にかまわない、というところだと思う。

結局のところ図書館めぐりは旅をより面白くするためのスパイスのようなものに過ぎず、入れなかったらその時間をさらなる街歩きに充てればいいし、いちいちショックを受けていてもその後の旅を楽しめなくなるのだ。今回はその「行ったら図書館が閉まってた」旅をご紹介する。

偉そうに宣ったが、閉まっていたら当然「やりきった感」のない旅にはなる。２０２０年から何年も続いたコロナ禍においては、やりきった感がないどころか旅の計画そのものを中止せざるを得ないようなこともたくさんあっただろう。その間はコロナ関連の暗いニュースが続いたが、もちろん明るい知らせもあった。その中の一つが、東日本大震災で長らく運転見合わせ中だったＪＲ常磐線の全線復旧だ。

ずっと代行バスによる運行がなされていた富岡～浪江駅間が２０２０年３月14日にようやく運転再開した。かつて昭和30年代には上野駅から青森駅を結ぶ特急はここ経由だったという一大路線も、あの震災から10年間ずっと分断されていたのだ。福島県南相馬市のメイン駅原ノ町は、特に甚大な被害を受けた自治体が並ぶ岩沼～いわき駅間の要所。この10年間も常磐線内で重大な役割を果たしてきた。

南相馬市は千年以上の歴史を持つとされる伝統行事「相馬野馬追（そうまのまおい）」の中心地として知られるが、私がようやくはじめて訪問できたのは２０１９年の冬のことだ。野馬追の影も形もない季節。それも店舗の営業すら微妙な小晦日だ。だが駅内外のあちこちで野馬追をアピールしているし観光客用の展示コーナーもあり、オフシーズンでも市民がこの行事にかける熱い気持ちがビンビンと伝わってくる。

　中央図書館は駅からすぐの立地だが年末なので当然のごとく休館日。何でこんな日に来ちまったんだ？　だが図書館ウォーカーはそれでもすぐそばまで行く。中に入れなければ外観を楽しめば良い。

　幸いなことに同館は広い上に複雑なデザインで、立つ場所により表情が次々と変わる。楕円塔ビルの市民情報センターや子ども図書館が併設され、中庭っぽい空間をぐるりと囲んでいる。敷地内にテラスやベンチがいくつもあり全体的にリゾート施設っぽい雰囲気なのに、なぜか屋根は和風というのも楽しい。ドライブスルー形式ブックポストなんてのもあった。基本設計は諫早市のたらみ図書館と同じ株式会社寺田大塚小林計画同人が手がけている。

　市のウェブサイト内コンテンツ「中央図書館フォトライブラリ」に館内写真がたくさん掲載されているので今はそれで行った気分を味わっている。近いうちに必ず再訪したい。

裏側から見たらこんな感じ。大きい！

こちら夏の再訪時に撮ってみました

和風建築と野馬追推しがアピールしてくる原ノ町駅

交 JR常磐線原ノ町駅から徒歩3分
住 〒975-0004 福島県南相馬市原町区旭町2-7-1
開 平日9時30分～20時、土日祝9時30分～17時
休 月曜、年末年始
近 原ノ町駅陣屋、JAふくしま未来旬の市場

02 ソフトクリーム津々浦々

旅の一番のお楽しみとはずばりグルメ。いやいやそこは図書館と言うべきだろう。自分にツッコんでしまうが、おいしいものが大好きなのだからしょうがない。鉄道駅やバス停など、最寄りの公共交通スポットから図書館までの道のりを歩む時、私は積極的にご当地ならではの飲食物を探すようにしている。

通りがかりの自動販売機に地元産のフルーツや茶葉を使ったドリンクがあったり、途中にある地域密着型のスーパーに入れば目に飛び込んでくる、色とりどりの肉に魚にその土地ならではの惣菜の数々。知らない野菜が並んでいたり刺身や肉の部位に一般的に流布したものとは違う名称がついていたりするのも楽しい。飲み物なら散歩の合間の水分補給も兼ねていただくし、おやつやおかずは購入してホテルの部屋で舌鼓を打つことも多い。

もちろんおいしい料理を出す飲食店も事前にチェックして、できるだけ行くようにしている。どんなメニューなのか、地元の人からの評価が高いか、そして入りやすさを重視しているので「ならでは」感にはあまりこだわりはないが、例えごく一部でもご当地食材を優先的に使っているお店だったらとても好ましく感じる。

旅先で味わうのも楽しいが、お持ち帰りできるグルメを自宅で食べつつ旅の思い出を反芻するのも心躍る時間だ。単純にごはんがよりいっそうおいしくなるし、食べながら頭の中でまた旅ができる。

鳥取県名産のじゃことらっきょうを使った食べるラー油、鹿児島県の枕崎駅前スーパーで見つけた、ご当地産ドライブルーベリーと坊津（ぼうのつ）の海から採れた塩をミックスした肉用調味料、北海道岩見沢市産の山わさびドレッシングなどなど、記憶に残る、または機会を見つけてはリピートしているお持ち帰りグルメはたくさんある。

しかし、どんなにおいしくても絶対に持ち帰ることができず、その場で楽しむしかないご当地グルメも。ソフトクリームだ。そして私が旅先でいちばん気軽に、かつ高頻度で楽しんでいるのもまたソフトクリームなのだった。とにかく目にしたらすぐ買って食べてしまう。

ソフトクリームについつい手が伸びてしまうのは私が暑がりなことも大きいと思っている。図書館ウォーカーの旅は図書館訪問だけが目的ではなく、むしろ周辺の街をぶらぶら散策することのほうを大事にしている。街歩きが楽しくついつい歩数を重ねるうちに汗がだらだら。また私は温泉に入るのも好きなので、入浴後も暑くてハアハア。そんな時、目の前にソフトクリームが現れたら！

　すぐに食べ終わるのもソフトクリームのいいところだと思う。次に乗るバスや列車待ちの間にささっと食べられる。強烈なインパクトで記憶に刻まれたものの例として、熊本県の阿蘇くまもと空港の搭乗開始待ち中にいただいた一本を挙げよう。濃厚なストロベリークリームをほとんど覆ってしまうほどたくさんの県産苺の実の半切りがのっていて、苺もクリームの味もすばらしかった。このように、名産品をクリームに混ぜ込んだフレーバー地ビールならぬご当地フレーバーソフトクリームも楽しい。果物から昆布まで、いかにも合いそうなものから意外なものまで、その「隠し味」は実に多様だ。

　とは言え、ソフトクリーム王国はやはり北海道。ＪＲ根室本線浜中駅で浜中町営バスに乗り換える数分の間や、大

勢の客でにぎわう伊達市の道の駅で休憩がてらに食べたり。利尻島でオタトマリ沼の眺めとともに堪能した、熊笹とはまなすのミックスソフトも思い出深い。しかし今のところ断トツでおいしかったのは、温泉でも有名な豊富町のカフェでテイクアウトしたもの。味の濃厚さと甘さがいわゆる「レベチ」だった。きれいで過ごしやすい町図書室も好きだが、あのソフトを味わうためだけに豊富町を再訪してもいい、と本気で思っている。

白糠町産素材ばかり使ったハンバーグ定食（北海道）

名産のもずくたっぷりのそば定食（沖縄県）

a library walker in KANTO

関東

北茨城市立図書館（茨城県）

海が見える図書館を求めて全国各地を訪ね歩いていると､海が見えるかどうかにかかわらず「河口（近く）に建つ図書館」に出合うこともしばしば。

例えば日本で一番海に近い図書館（室）の一つがある、北海道島牧村の若者総合スポーツセンターも千走川河口部分に建っていた。同じく道内の、天塩町図書室がある社会福祉会館も敷地内から雄大な天塩川の河口とその向こうの海が楽しめる絶景施設だった。20分ほど歩けば高台上に温泉施設もあり、眼下の草原に佇む鏡沼も味わい深い情景だ。

鹿児島県北西部のいちき串木野市の図書館市来分館もよく思い出す。同館がある複合施設いちきアクアホールは、東から来る八房川と南から来る大里川の2本の川が河口部分で合流する複雑な地形の中に建っていた。ＪＲ鹿児島本線市来駅から大里川沿いを歩いていると、川の向こう岸は長い長い砂州になっていて、その景色がこの街の散策を特別な思い出に変えてくれた。ここもすぐ近くに温泉がある。

とは言え「河口図書館」の数は決して多くはないだろう。私がすぐに思いつくものも、前述の3館以外に数館あるかどうか。今回はその数館のうちの1館への旅をリポートしてみたい。ＪＲ常磐線は宮城県の岩沼駅と東京都の日暮里駅を結ぶ、全長３００キロ以上の長大鉄道路線だ。岩沼市以南の太平洋沿岸自治体をつなぐ役割を一手に担っているが、車窓から海が見える区間は意外と少ない。

その常磐線に、茨城県最北部の北茨城市内にある「大津港」といういかにもな名前の駅がある。だが海から2キロ以上離れた内陸部で海は見えず、しかも磯原駅との間の、線路が海沿いに接近する箇所では林が邪魔をしてやはり見えない。磯原は同市のメイン駅で、大北川が河口に向けて大きく北にカーブ

この日はまるで日本海

図書館すぐそばを流れる大北川

する内陸側の位置に建つ。図書館は同駅から徒歩5、6分の、川の堤防沿いにあった。

ミントグリーンやライトグレーのベーシックカラー、球形のエントランスや円筒があしらわれたファサードがなかなかかわいい。2階にはカフェコーナーもある。この館の特徴は、階によって見える景色が変わるところかもしれない。1階からは堤防の緑が、2階からは大北川が見え、3階の展望スペースからは川越しに少し海が望める。

同館から河口まではまだ数キロと遠いが、すぐ近くの橋を渡って細長い砂州上にある集落を横切れば、そこは北浜海岸だ。訪ねた日は曇天で荒涼とした海の眺めが楽しめた。太平洋よりもむしろ日本海を思わせる情景だが、これもまた良し。

駅に戻る途中にお客がどんどん入っていく肉屋さんがあり、かたわらには常陸牛と書かれた幟が。うわー食べたい。入っていく人たちの顔が何だか誇らしげに見える。地元住民ならではの、こんな自慢の表情を見せつけられるのも、また楽しいのだ。

磯原駅から街を眺めてみました。遠くに海も

交 JR常磐線磯原駅東口から徒歩6分
住 〒319-1542 茨城県北茨城市磯原町本町2-5-16
開 9時30分～18時
休 月曜（祝日の場合直近の平日）、月末日（土日月の場合は最終金曜）、年末年始
近 北浜海岸、久利山精肉店

佐野市立図書館（栃木県）

日本人は、世界中の文化を自分たち向けにアレンジする能力に長けていると言われる。その最たるものがラーメンではないだろうか。食文化研究家ではないので、とまず言い訳しておいてからふんわりと書くが、ラーメンの本場とされる中国で供されるそれと日本のラーメンはけっこう違うらしい。

かつて一度だけ台湾に行ったことがある。レストランではメニューにラーメンが見当たらなかった。いや「そんな気がした」だけなのかもしれないが、とにかく日本の中華料理屋のようにまずトップに載せる推しメニューでなかったのは確かだ。

さて、図書館ウォーカー旅の醍醐味はいろいろあれど一言で言ってしまえば「旅先の街の普段着ムードを味わう」だと思っている。有名なご当地グルメを持つ街でもそのアピール度はさまざまで、あちこちに幟などが立ち大々的に売り出しているところもあれば、まったく推しておらず去り際に「そう言えばあれが名物だったのでは」と思い出すような街もある。

もはや日本食と化したラーメンの場合、星の数ほどご当地ラーメンが存在するが、個人的な経験と感覚から言うと、パンフレットや観光情報サイトで推していても、街並みからラーメンが売りであることを感じられる例は少ない気がする。

ある日、ラーメン推しの街として有名な栃木県の佐野市に行ってみた。常日頃気になっていることの一つに、名物グルメがあまりにも有名な場合、その街に対する想像は逆に希薄になるということ。正直言って佐野の街も「ラーメン店が林立し、その看板が目立ちまくっているのでは」くらいしか行く前のイメージがわかない状態だった。

佐野市の中心駅は、群馬県と栃木県を横断するJ

R両毛線と短め私鉄路線の東武佐野線内にある佐野駅。市立図書館は同駅から1キロほど離れた位置に建つ。駅南口の階段を下りていくとまず目につくのが、駅前ロータリーに設置され盛んに水を噴き上げる噴水。一組のおしどりの像があしらわれ、どうやら市の鳥に制定されているらしい。

さて日曜の午前中というのがまず問題だったと思うのだが、ラーメンの街らしさはほぼ感じられず、味噌まんじゅう屋や「酒！食事処」の売り文句が妙におかしく思わず吹き出してしまった中華料理屋などのほうが目立った。何の予備知識もなくこの街を歩きラーメンが売りなのを知るとしたら、マンホールの蓋に描かれた、丼を頭にかぶるご当地キャラらしきイラストを見かけた時くらいだろうか。

図書館はいかにも公共施設らしいがっしりした建物だ。郷土資料コーナーや飲食スペースがある2階のガラス棚に数々のご当地名物の展示があり、決してラーメンだけの街でないことを教えてくれた。

もりもりと木が生い茂ってる駅近くの通り

おしどり噴水と佐野駅

「酒！食事処」のインパクトたるや

交 JR両毛線・東武佐野線佐野駅南口から徒歩13分
住 〒327-0012 栃木県佐野市大蔵町2977
開 9時～19時
休 月曜（祝日の場合開館）、年末年始
近 佐野駅前交流プラザぱるぽーと、城山公園

高崎市立中央図書館（群馬県）

日本の各地を旅していると「文化度が高いな」と感じる街に出合うことがある。文化度という概念も今一つよくわからないが、なぜかそう感じてしまう。要は著名な出身文化人が多いとか文化的イベントをよく開催しているとかだろうか。すばらしい図書館があるというのもそれにあたるかもしれない。

公共図書館は図書館法第十七条により利用の対価を求めないことが定められている。私たちが図書館を無料で利用できるのは、それぞれの館の方針ではなく、法律で保障された権利なのだ。これは言い換えればお金が出て行くばかりの施設ということ。予算がいくらあっても足りない各自治体にとって、図書館運営は頭の痛い課題だろう。

だからこそ、図書館に力を入れお金をかけている街は、この施設の役割に対する深い理解があるはず。文化度が高いと言ってもいいのでは。近年は全国で図書館の改築、新築事例も増えている。その昔は「ハコモノ行政」という地方政治批判もあったが、利用機会が少ない可能性もある音楽ホールなどとは違い、図書館は「普段使い」の公共施設だ。図書館建築に予算を投入することは実のある、文化的な使い道ではないだろうか。少なくとも、自治体側がどうでも良い存在だと捉えていないのは確かだ。

何はさておき、知らない街を歩いていて図書館の見た目が良いとやはり楽しい。表層的な見かたなのは自覚しているが、図書館ウォークは旅人のお楽しみだからそれで良いのだ。中には図書館だけが異質のきらびやかさで目立つ例もあるが、文化度の高い街は周りの建物もすばらしい。群馬県の商業的中心地、高崎市はそんな街だ。

近年図書館設計も数多く手がける隈研吾による高崎駅近くの駐車場、シンフォニーロード沿いの高崎

高崎シティギャラリー。
ちょっと沖縄っぽい？

トップライトで自然な明るさ

シティギャラリー、磯崎新の初期代表作として知られる群馬の森公園内の群馬県立近代美術館など市内各地に名建築が点在する。中でも白眉はチェコ出身の巨匠アントニン・レーモンドの群馬音楽センターだろう。日本のモダニズム建築の傑作の一つで、前に立つだけでそのデザインに心打たれるはずだ。

高崎市立中央図書館は同センターから歩いて5分以内のところに建つ。総合保健センターと併設の複合施設で短冊形の窓が多用されたファサードが印象的だ。中に入ると意外にほの暗く、過度な照明に頼らない方針なのだろう。ガラス張りの天井まで吹き抜けのトップライト方式で、5~6階の図書館の窓が美しい曲線を描いて張り出しているのが見える。

図書館内は白が基調のシンプルな色使いで、学生がくつろぐ姿が目立った。外の眺めも良い。ビル内のガラスから巨大な書庫をのぞくこともできて面白い。市民の憩いの場としてしっかり機能していることもうかがえるし、私的名建築の探索がてらぶらりと訪ねて損はない図書館だ。

高崎と言えば「パスタのまち」

交 JR高崎線・上越線・上信電鉄高崎駅西口から徒歩18分
市内循環バス「ぐるりん」0~4系統もてなし広場前または総合保健センター・中央図書館バス停からすぐ

住 〒370-0829 群馬県高崎市高松町5-28

開 火~金10時~20時、土日祝月10時~17時

休 年末年始

近 群馬音楽センター、高崎シティギャラリー

美里町図書館 森の図書館（埼玉県）

東京、埼玉、千葉、神奈川の各都県は「首都圏」と呼ばれる。遠い青森県の空の下から想像するその言葉のイメージは、ビル群がそびえ立つ大都市や速足で歩く人の群れといったところだが、実はとても多様な表情を持っている。

青森市に引っ越してくる前は東京都杉並区某所に住んでいたが、アパートのまわりは下町感満載で、最寄駅からの帰り道途中にある商店街も非常にのんびりムードだった。個人営業の庶民的な飲食店もたくさんあって、住みはじめてすぐに「俺、大都会に住んじゃってるぜ」という感覚が消え去ったことをおぼえている。

とは言え、ひたすら住宅地が続くという意味においては濃淡あれど首都圏の特徴は共通している。特に、通勤通学の人が集まる街の支点「駅」を結ぶ鉄道でそれは顕著だ。列車に乗っていても車窓風景は果てしなく続く住宅街で代わり映えなく、分け入っても分け入っても人の家、なのだった。

ただ、首都圏を抱く広大な関東平野の周縁部になってくると、かなりその様子も違ってくる。その代表的な例が、群馬県の高崎市と東京都の八王子市を結ぶＪＲ八高線だ。関東以外のローカル鉄道路線に乗った時におなじみの田園や野山の風景、列車の後ろ乗り前下りルールや無人駅がここでは健在。もっとも少し乗り継いで行けばその先は都会なので、乗客数は地方路線の比でなく多い。

今回はこの八高線沿線の自治体の中から、美里町の図書館をご紹介したい。私がここの館を訪ねた理由は「館名」。森の図書館、という名前なのだ。館名に「森」がつく図書館は全国にそこそこあって、千葉県流山市の「森の図書館」、東京都中央区の「本の森ちゅうおう」、山梨県北杜市の「すたま森の図書館」などなど。図書館と森が結びつきやすいのは、本の主材料である紙が木から作られることによる連想なのかもしれない。

森の図書館の最寄りは松久駅だ。この駅が面白いのは、駅舎がホーム上からしか見えないところ。えっ、ちょっと何言ってるかわからないです？　駅とほとんどくっつくような形で「駅前情報館」という駅より大きな施設が正面に建っていて、駅を出るとそちらしか見えないのだ。でも駅舎もけっこうキュートなデザインをしているんだぞ。

駅からの道のりは曲がり角や傾斜が複雑でとても楽しい。ただ、だんだん坂が厳しくなってきて余裕もなくなり、着いた頃には汗まみれでハアハア。図書館は高台の遺跡の森総合公園にあるのだ。公園はテニスコートなどの運動場も備え、スポーツに勤しむ人でにぎやかだ。複合施設内の図書館入口は旅館の食堂的な引き戸で、スリッパに履き替え入って突き当りの大窓からは、すぐ目の前の森が一望。なるほど館名は伊達ではなかった。

ん？　美男？

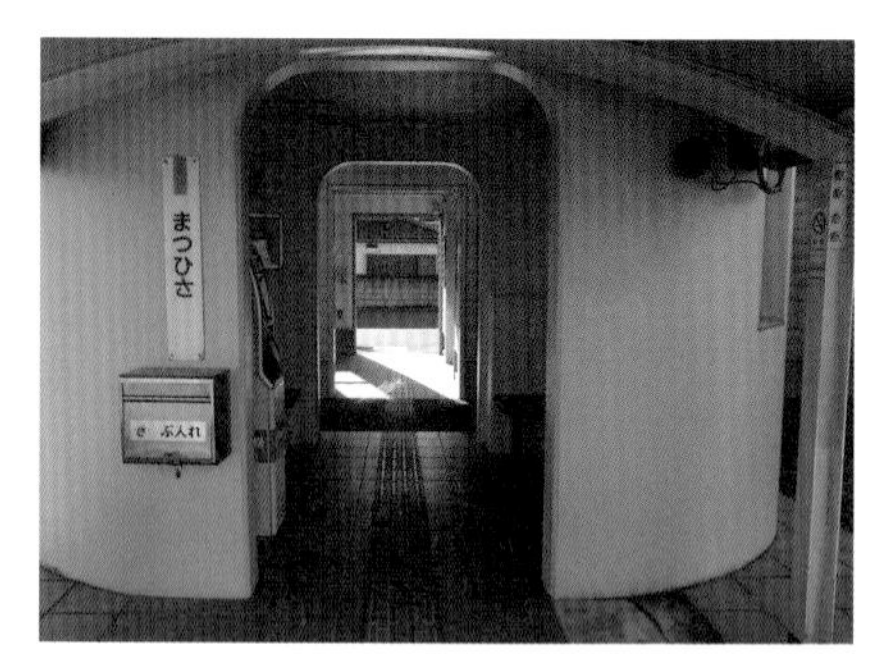

小ぢんまりとかわいい松久駅舎

分かれ道や曲がり道がとても多い街並みです

交 JR八高線松久駅から徒歩18分
住 〒367-0113 埼玉県児玉郡美里町大字甘粕343
開 平日10時〜18時、土日祝10時〜17時
休 月曜、最終平日（月曜の場合直前の平日）、年末年始
近 図書館併設施設受付でもらえる「美里町文化財ガイドブック１〜３」、美里町遺跡の森館

同業の方に教えていただきました

ＴＲＣ八千代中央図書館（千葉県）

２０２３年1月に初の単著「図書館ウォーカー旅のついでに図書館へ」を出版した。自分一人で全てを書き上げるのは確かに職業上のステイタスになるけれども、共著ならではの楽しみもある。

共著本では、対談本でもない限り他の著者はほとんど実際に会ったことがない方ばかり。それぞれの書き手と直接やりとりしているのは基本的に編集者だけ。執筆する内容について他の著者と話し合うこともないので、みなさんのお仕事をちゃんと知るのは出版後に実物を読む時がはじめてということになる。つまり執筆者であっても一読者と同じ気持ちでその本を楽しめるのだ。原稿から教えていただく情報も多い。単著だと内容を全て知っているので、こういう楽しみ方はできない。

執筆陣の一人として参加した書籍に「図書館へ行こう!!」というムックがある。今は宝島社に吸収されて消滅してしまった洋泉社が２０１６年に出版した一冊だ。女優の栗山千明が表紙を飾ったのも話題となり、そこそこ売れたと聞いている。

これも実物が編集部から届いてはじめて全貌を知ったわけだが、全国の要注目図書館を美麗な写真付きで紹介していて「こんな図書館もあるのか」と大変参考になった。その時知った館の一つに、千葉県のＴＲＣ八千代中央図書館がある。ある時音楽系の仕事で上京した折に、かなりの空き時間ができたので行ってみることにした。

20代に6年ばかり東京に住んでいたものの千葉県は意外と縁遠い。東京は言うなれば日本列島内の巨大コンパクトシティで、都市機能に限れば都内ですべての用が足りる。だから千葉に出かける用がない。遠い青森市に移住してからはじめて千葉県内の街を歩くことになるのも面白いめぐりあわせだ。

図書館カフェでアイスコーヒー

図書館、新川、そしてゆらゆら橋

その日のお昼ごろ池袋で会っていた友人に今から八千代に出かけるのだと言うと「えっ、遠いよ」と絶句された。友人の言う通り、確かに遠かった。池袋から東京メトロ丸ノ内線に乗り大手町乗り換え。今度は東西線で延々と東進する。最寄り駅は東西線直通東葉高速線の村上で、池袋から1時間強の道のりだった。

村上駅から川沿いの図書館まではゆるい上り坂が続く。典型的な郊外の新興住宅地という風情だ。小高い丘のてっぺんに神社が見えたが、坂の角度がキツすぎるという一身上の都合で訪問をあきらめた。

やがて川べりの広場の中に白く平べったい建物が見えてくる。かたわらを流れる新川は利根川の支流だ。館内は白色基調でガラスをふんだんに使用した現代的デザイン。カフェや市民ギャラリーも併設し眺めも良く、光があふれていた。帰る前に外の景色が見えるカフェでちょっと休憩。これからはこんなふうにお茶できる館が増えるんだろうなと感じたことをおぼえている。

八千代の「八」かな？

交 東葉高速鉄道村上駅から徒歩15分 東葉バス八千代中央駅～米本団地線中央図書館バス停から徒歩5分または勝田台駅～米本団地線郷土博物館入り口バス停から徒歩8分
住 〒276-0028 千葉県八千代市村上2510
開 平日10時～19時、土日祝10時～18時
休 月曜（祝日の場合は翌平日）、年末年始
近 ゆらゆら橋、アルトマーレ（図書館併設のカフェ）

スワヴェク・ヤスクウケの音楽に導かれ

目黒区立八雲中央図書館（東京都）

私は音楽ライターでもある。専門はポーランドや中欧の現代ジャズで、私は全くそう思っていないのだが「マニアックなジャンル」とよく言われる。私のこの分野における一番の成果は、ポーランド人ピアニストのスワヴェク・ヤスクウケの名を日本に広められたことではないかと思う。ミュージシャンや音楽関係者も巻き込んで非常に話題になったソロピアノ作「Sea」を皮切りに、気鋭のレーベル「コアポート」から話題作を連発。今や日本の音楽ファンが最も期待するポーランド人アーティストだ。

彼の音楽のすばらしいところはまるで家具や日用品、インテリアのように、日常に寄り添うものになっている点。特に音楽好きの人でなくてもゆったり聴けるはずだ。本人も「リラックスするのは良いことだから、ながら聴きや聴きながら寝ても全然かまわない」と言い、とてもオープン・マインド。みなさんもぜひ。個人的には図書館ウォーカー旅の最中にもよく聴く「モーメンツ」がおすすめだ。

そんな彼が２０１７年11月、待望の初来日を果たした。厳密には前年にも非公式に日本に来ていたのだが、公式な演奏会はこの時がはじめて。彼が出演したのは、世界中から優れたピアニストを東京に集めて二夜で聴く「ピアノ・エラ」という野心的なプロジェクト。２年おきに開催されるのも特徴だ。

会場は、東急東横線都立大学駅からゆるい坂を上って10分足らずの場所にある「めぐろパーシモンホール」。同ホールの建つめぐろ区民キャンパス内には他に、公園や体育館、都営住宅などがある。夕暮れに染まりつつある中、コンサートを心待ちにする人たちと並び私も会場へ向かう柿の木坂を上っていく。かつて欧州ジャズ・ファンのうち数少ない人だけが知る存在だったヤスクウケが、今夜こんなにたくさんの人の前で演奏する。やはり心が躍った。

　パーシモンに着くと、敷地内地下に目黒区立八雲中央図書館があるのを発見。未チェックだった。図書館の立地で地下のみというのは実はけっこう珍しい。建物自体もふんだんに照明が使われていて、館の敷地自体も広く、地下感はほとんどなかった。

　当夜のヤスクウケの演奏は、ピアノと自らのみに照明を当て、弾くのは弱音だけ。１曲終えるたびに観客のため息が会場に広がる。この人を推し続けてほんとうに良かった。そんな充実感と感動に満たされた夜になった。

　ヤスクウケは２０２３年５月に再来日し今度は各地をまわった。東京では同じパーシモンで、宮崎市の横山起朗（たつろう）（前著「図書館ウォーカー」でご紹介）とダブルビル・コンサート。二人とも友人なので世界一俺得な企画だと私は驚いたが、すでに多くのファンが彼の音楽を愛していることが会場の空気から強く感じられ、ちょっと泣きそうになってしまった。スワヴェク、美しい音楽をいつもありがとう。

コンサートの前に建物探検その１

コンサートの前に建物探検その２

コンサートの後。まだ興奮冷めやらず

交 東急東横線都立大学駅北口から徒歩10分、東急バス多摩01、黒07、都立01・34・35線めぐろ区民キャンパスバス停から徒歩1分
住 〒152-0023 東京都目黒区八雲1-1-1 めぐろ区民キャンパス内
開 月～土9時～21時、日祝9時～17時
休 第1月曜（祝日の場合翌火曜、5月連休の場合翌平日）、年末年始
近 めぐろパーシモンホール、柿の木坂

サーフィン、海水浴、図書館、どれにする？

大磯町立図書館

（神奈川県）

海が好き、なのは間違いないのだがマリンスポーツが好きなわけではない。同様に青森の冬や雪を愛しているが、スキーやスノボには全く興味がない。ただ海や雪を眺めているのが好きなのだ。基本的に運動神経がダメダメなので、スポーツをやっても楽しめないというのも理由の一つかもしれない。

マリンスポーツ真っ盛りシーズンに海を訪ねると居心地が悪いことが多い。一人だけ普段着姿で海を眺めているのはやはり浮いているし、海を撮りたくても水着の人にカメラを向けるのは躊躇せざるを得ない。だから海水浴場として有名な海にはできるだけオフシーズンに訪ねるようにしている。その時期は当然人の姿を見かけないが、祭りの後のような静けさがまた良かったりする。

思い出深い例は、北海道のオホーツク海沿岸にある自治体、興部町の沙留海水浴場。ちなみにこの地名は「さるる」と読む。ちょっとかわいい。9月に入る手前だったが北海道の北部だともう「泳ぐための海」はシーズンオフ。ここの特徴は砂浜ではなくて石の浜という点で、波が引くたびに石がカラカラと鳴る。さんさんと照りつける陽光の下、誰もいない海岸で一人、波と石の音を聴いている時間が心地よかった。その後歩いて10分ほどの場所にある公民館内の図書室を訪ねたのだがそれはまた別の話。

しかしタイミングが読めないのはサーフィンの皆様だ。寒くても雨が降っていても、コンスタントに波が打ち寄せるところであればせっせと練習に励んでいる。単に図書館が駅に近そうだから、という理由で立ち寄った神奈川県の大磯町も、そんなサーファーたちの聖地だった。図書館はJR東海道本線大磯駅から徒歩で4分ほど。

駅前の小ぢんまりとしたロータリーの左側に下り

駅前のシャープなビル

これが教えてくれました

坂があり、図書館へ行くにはそこを通るのだが、道の入口に小さなアーチが架かっている。そこに書かれていたキャッチコピーで、大磯町が日本最初の海水浴場の地として有名なのだと知った。もっとも、後で調べたところによるとそれも諸説あるようだけれど。

図書館は小さいながらもエントランスのすぐ外に休憩所的なスペースも備え、中はシックな雰囲気。道路に面した屋根付きコリドーふうデザインも趣きがあるし、なぜかすぐ横に昔の消防車が展示されているのも面白い。

海に向かってしばらく歩くと、車がびゅんびゅんと通り過ぎる国道1号線が高架上にあり、その下をくぐるとすぐ海岸。小雨の後のどんよりとした曇りの日だったが、老いも若きも男も女も驚くほど多くの人がサーフィンに興じている。それも納得、ゆるい弓状の美しい弧を描く浜には絶えず波が打ち寄せていた。

サーフィン・オオイソ～♪

交 JR東海道本線大磯駅から徒歩4分
住 〒255-0003 神奈川県中郡大磯町大磯992
開 平日9時～19時、土日祝9時～17時
休 月曜（祝日の場合次の平日）、第1木曜、4月内の10日間、年末年始
近 大磯海水浴場、TE HANDEL platform

column 03 図書館ウォーカーって、何を見てるの？

良いサインの例。松原市民図書館「読書の森」（大阪府）
＊許可を得て撮影しています

ある時「図書館ウォーカー」著者として出演したトークイベントでこんなご質問をいただいた。「図書館ではどういうところを注目して見ていますか？」。

図書館ウォーカーは基本的に図書館内部のことをほとんど描かない旅エッセイだ。どちらかと言うと「図書館にたどり着くまでの過程」が主な内容となっている。しかし質問イコール読者のニーズでもある。たまには図書館ウォーカーが図書館で何を重点的に見ているのか、何を楽しんでいるのかをしっかりと書いてみよう。

まず、先にご紹介したご質問への回答を書く。私は元・図書館員なので「サイン」がどのように設置されているのかをチェックする。サインとは、館内のどこに何があるか、どの書架にどんな資料が配架されているかを指し示す標識のようなものだ。サインのあり方は、その図書館が「はじめて入館した人」のことをどれくらい考えているのか、の表れでもある。

自分が立っている場所からあまり動かずに目指す資料のある書架を見つけられるようになっているのが理想で、いちいち館内案内図を見に戻ったり書架の目の前に行かなければどんな資料があるのかわからないのではあまりサインの意味がない。これは図書館に限らず旅先の街の

図書館イベントで知った青森市のお店「ハマカレー」

案内図や公共交通機関においても同じことが言え、不親切なサインの多くは「すでに事情がわかっているリピーター」だけに通じるものとなっている。私はこういうサインを「ストーリーがない」と表現する。はじめてそこに立った時、つまり何の予備知識もない状態で人が何を頼りにどう行動するのかというストーリーを想い描かずに設置しているという意味だ。

私にとって、旅先の図書館の一番のお楽しみは配布物だ。ご当地情報や図書館周辺の散策用の地図が掲載されたものはもちろん、テーマごとに調べ方や参考資料を掲載した「パスファインダー」にも一般的な内容だけでなく地元ネタがあったりする。同じパンフレットでも、観光案内所などに置いている旅行者向けとは全く別のものが配布されていたりもする。配布物、つまり「おみやげ」が多い館は好感度が上がる。

また図書館や自治体内で開催されるイベントをお知らせするポスターなども見ていて面白い。出演する出身、または在住クリエイターや伝統文化などについての情報が得られる。これは一例だが、私が青森市内でよく食べに行っているスパイスカレー屋さん「ハマカレー」は、青森市民図書館主催のイベントでその存在を知った。旅先の

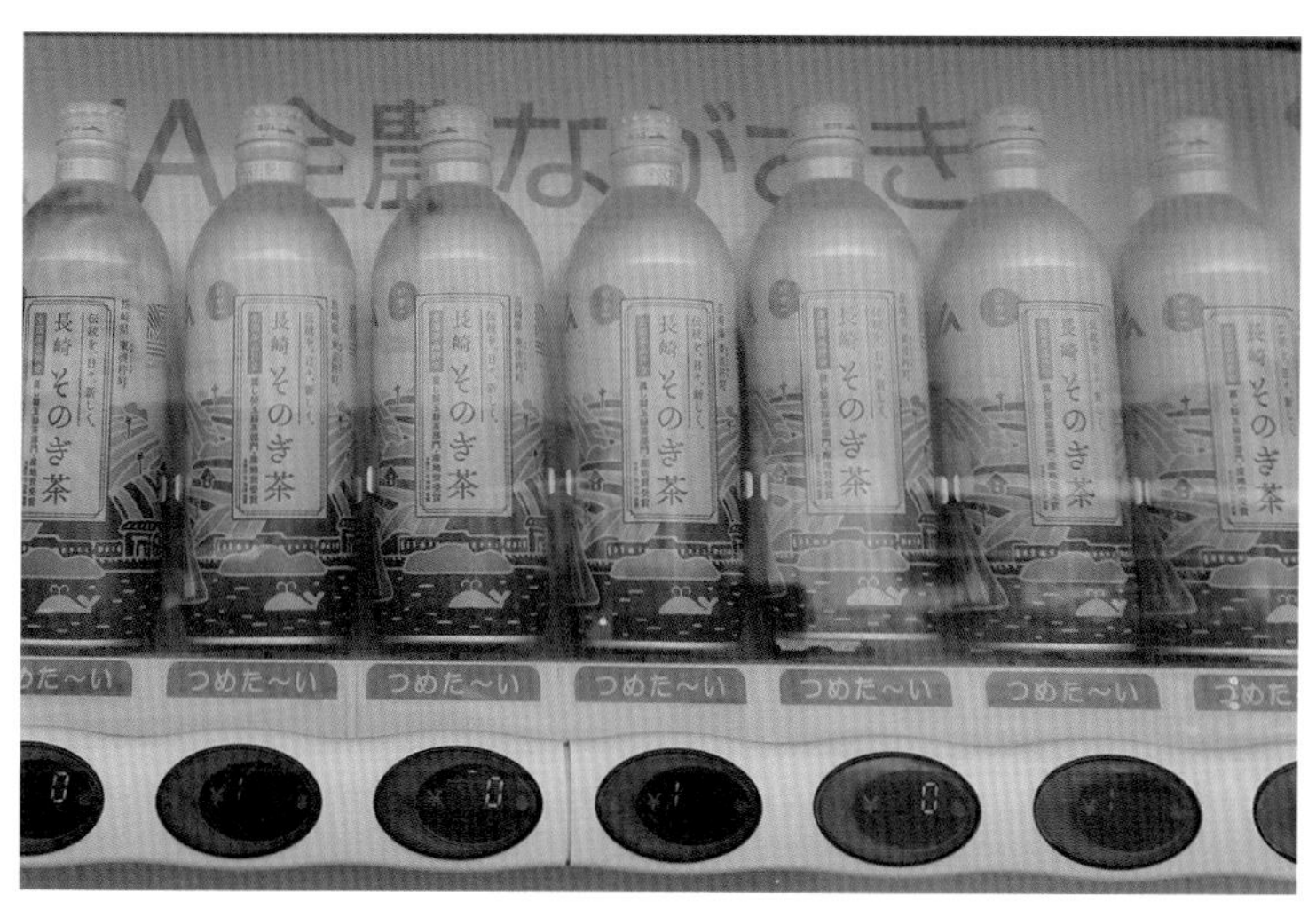

東彼杵町図書館（長崎県）の自動販売機で売っていた名産「そのぎ茶」

図書館のポスターでお店のことを知り、さっそくググってみてランチにGO！なんて展開も楽しい。グルメ関係では、館内の自動販売機でご当地ドリンクを取り扱っていてその地方の名物を知ることもある。

図書館員がその腕をふるう「企画展示」や、郷土資料コーナーに併設資料室、書架の中のご当地ならではの構成なども要注目。例えば北海道ではアイヌの資料が充実していたり、沖縄ではどんなに小さな図書館でも伝統文化や歴史に関する郷土資料の割合が驚くほど高い。熊本県内だとさりげなく水俣病コーナーがある。そういう有名なトピックでなくとも館内で教えられることは多い。

私は旅先の図書館で「もしこの街の住民だったら」を想像するのが好きだ。つまり、毎日通うとしたら、この図書館の居心地、使い心地はどうだろうとシミュレーションするというお楽しみ。採光や色合い、イス、テーブル、トイレの様子などハード面、新着本をはじめとした蔵書構成などソフト面、または閲覧席からの眺めにも目を配る。書籍や所蔵資料の見せ方や情報発信が積極的な図書館だと楽しいだろう。「外側」の話になるが、アクセスしやすさについても考えながら見ている。

またけっこう大事なのが「人の雰囲気」だ。これは利用

中城村護佐丸歴史資料図書館（沖縄県）併設の歴史展示室

者、図書館員双方を指す。特に若い世代や子どもの割合、楽しい日常を送っていそうかどうかなどなど。若者が多い街の未来は明るい気がして、何となく元気をもらえる気がする。基本的に図書館員は、流布したイメージとは違い多忙な職業であまり余裕がないことが多いが、旅先で見るからに楽しそうに図書館員が働いている館に出合うと、もう退職したのになぜか嬉しくなる。

もちろん旅行者が好意的な視点から短時間眺めただけの光景なので、当然勘違いの可能性は低くない。それでも、暮らしやすさやコミュニティのムード、その図書館の美点など、意外と肌で感じられるものだ。

最後にもう一つだけ。私は「採点」「批評」という考え方で図書館を見に行くことはない。5分や10分見てまわったくらいで評価できるわけがないと考えている。図書館サービスは地元の人が日常的な利用を重ねる中でようやく良し悪しがわかるもの。施設やサインがしょぼくても地域に愛されてるらしき館もたくさん見てきた。

だからみなさんも「その図書館のことを理解できなくてはいけない」「本を読まなくてはいけない」なんて気負わずに、気楽に図書館めぐりを楽しんで欲しい。ここで書いたことは、そのためのヒントだ。

a library walker in CHUBU

中部

出雲崎図書館本館（新潟県）

基本的に図書館ウォーカーという趣味は、旅したついでに近場の図書館に立ち寄ろうという、あくまで副産物的なしろもの。とは言え、行きたい図書館を先に決め、それをもとに旅のプラン全体を練る場合もなくはない。

私が個人的に行きたい図書館はだいたい海のそばにあるか、川や湖など気になる「水のスポット」の近くに建っていて、それらはネットで日本地図を見ていて発見することが多い。もう一つの探し方と言うか、行きたい図書館情報をキャッチするために立てているアンテナがある。メディア上で気になる地名を見かけたら、そばに図書館があるかどうか、ネットですぐチェックするようにしているのだ。

新潟県出雲崎町の場合は、著名な旅行ライター下川裕治さんの新聞ウェブ版連載で知ったと記憶している。松尾芭蕉が奥の細道で訪ねた土地を旅する、というような連載のうち一回だったと思う。掲載された写真に写っていた海沿いのレトロな街並みに惹かれてすぐネットで調べてみた。するとおあつらえ向きにその集落内に図書館が。「行きたいリスト」に加えておいた。

くだんの街並みは江戸時代に整備された北国街道内の宿場町だったところで、妻入り構造の町屋家屋が現在も軒を連ねることで知られている。良寛の出身地でもある。出雲崎町は小さな自治体で、そんな中にも平野はほんの少ししかない。内陸部を走るJR越後線沿線エリアと旧宿場町の海岸線エリアだけ。後者にアクセスするバス路線3つのうち2つが越後線の出雲崎駅も通る山越えルートになっていて、私は同駅から乗ることにした。

越後線の吉田駅以南は本数が少なく、新潟駅からこの駅まで来るのもだいぶ時間がかかるのだが、そ

海の香りが漂う歴史的街並み

海岸公民館の中から撮ってみました

の大変さのわりにバスは10分もかからずに目的のバス停に到着。高台から下りる手前の「良寛記念館前」バス停だ。ここからさらに丘を上って5分ほどの「良寛と夕日の丘公園」は海沿いの街並みと日本海を高所から見渡せる絶景スポットだ。

旅は桜の季節を選んだのだが、良寛と夕日の丘公園にも高台から海沿いの集落に下りていく坂道にも満開の桜の木が立っていて、海と桜の絶景コンビネーションが楽しめた。

出雲崎図書館本館がある海岸公民館は宿場町の旅籠ふうの建物。1階の奥に図書館があり、一番海に近い側の窓から住宅の間にほんの少し海が見えた。私が設定する「海が見える図書館」は必ずしも館内から真正面に海が見えるとは限らないので、建物や敷地内のどこが海が見えるスポットなのか、宝探しする感覚で探るというお楽しみもある。

帰りは海を見ながら少し南の道の駅まで歩き、海岸線を走るバス路線で柏崎市まで。行きでも帰りでもいいので、この絶景路線は必ず乗ってほしい。

良寛と夕日の丘公園から望む日本海。これぞ絶景！

交 越後交通バス長岡駅・大寺・柏崎駅前〜出雲崎車庫前各線出雲崎車庫前バス停から徒歩3分

住 〒949-4305 新潟県三島郡出雲崎町羽黒町431-1 海岸公民館1階

開 月水金9時〜20時、火木土日9時〜17時

休 祝日、年末年始

近 良寛と夕日の丘公園、妻入りの街並み

上越市立直江津図書館（新潟県）

レストランやショップ、オフィスなどと図書館が一つのビルの中に共存する「複合施設」が増えてきた。反対に、図書館しかない建物で独立している場合を「単館系」と勝手に名付けよう。

複合施設系において図書館と軒を連ねるテナントの種類は多種多様だ。私もこれまで旅先で図書館を訪ねた後、同じビル内の飲食店で食事し、さらに別のお店でお土産を買うなどした経験がある。しかしさすがにホテル併設の事例はまだ珍しい。ただし皆無ではない。日本全国にはいろんな図書館があるのだ。今回はそんなレアな例をご紹介したい。

話は変わるが、最近は図書館という空間がだんだんトレンド化していて、会員制図書館のような機能を併せ持つホテルも増えてきた。旅行予約サイトなどでチェックしてみると口コミ評価が高得点なところも多い。そういうホテルもまた、図書館の多彩さの一面だと言ってもいいと思う。

さて今回の舞台は、日本海に面した新潟県上越市の中心部に位置する直江津駅。一時期私は日本海沿いをよく旅していて、この駅はおなじみの存在だった。特筆すべきはJR信越本線柏崎駅との間の車窓風景で、海の絶景が連続し何度見ても飽きない。すぐにまた乗りたくなってしまうのだ。

ところがいつもこの駅は通過点に過ぎなかった。電車の乗り継ぎが比較的便利だったこともあると思う。日本海の荒波を堪能した後の興奮が、数分間で終わる慌ただしい乗り換え作業で絶妙にクールダウンされるのだ。そして私の気持ちはいつもその先の富山県へと向かっていた。だがある時ふと調べてみると、駅から至近に図書館があるじゃないか。そう、直江津図書館は旅人にとってありがたい「駅前図書館」でもあるのだ。

高架上の改札を出て、特徴的な円い窓からはじめて望む眺めには線路がずらりと並ぶ。この駅はJR、えちごトキめき鉄道、北越急行の三社の路線が乗り入れる一大鉄道ターミナルだ。事前のチェックで直江津図書館が駅前にあることは知っていたが、ホテル併設とは知らず建物正面に着いた時は正直驚いた。4階以上がホテルで、3階から下は文化複合施設、うち2、3階が図書館というフロア構成だ。

1階のエントランスホールには椅子と机が並び、自習する学生で賑わっていた。旅行者が入っていくには気後れする雰囲気なのだが、若者の多さは地方の未来を明るく照らすようで嬉しくもある。鉄道の要所だからか、この館には「鉄道図書コーナー」があり、写真集などを閲覧していると旅の気分がさらに盛り上がる。ホテルの宿泊者なら時間を気にせずつい読みふけってしまうかも。

駅前には他に、駅弁を製造販売する珍しいホテルもある。そちらもまだ未体験だし、どうやらまたこの駅で降りて散策することになりそうだ。

直江津駅名物、円い窓

重厚な床なのはホテル併設だから？

関川越しに見た住宅街と美しい山並み

交 JR信越本線・北越急行・えちごトキめき鉄道直江津駅北口から徒歩3分
住 〒942-0001 新潟県上越市中央1-3-18 直江津学びの交流館2、3階
開 月火木金10時~20時、土日祝10時~18時、2階こどもとしょしつは毎日18時まで
休 水曜（祝日以外）、祝日の翌日（土日祝以外）、第3木曜、年末年始
近 直江津ショッピングセンターエルマール、関川

高岡市立中央図書館（富山県）

立山連峰や日本海、季節を問わずのおいしいものなど楽しいコンテンツにあふれた富山県は「もし移住するならここに」の最有力候補だ。

だが図書館ウォーカーとしてはそれ以上に「駅図書館王国」なのだった。県内には15しか自治体がないのに、うち3つも駅舎と図書館が一体化した「駅図書館プレミアム」があって驚かされる。ちなみにその3自治体は北から立山町（富山地方鉄道立山線の五百石駅）、舟橋村（同鉄道本線の越中舟橋駅）、小矢部（おやべ）市（あいの風とやま鉄道の石動（いするぎ）駅）。

しかしこれは駅舎と一体化した館に限った話で、他にも駅図書館と言えそうなところがある。その一つが高岡市の中央図書館だ。あいの風とやま鉄道およびJRの高岡駅から長いデッキ伝いに信号を渡らずに入館できる。駅から図書館まではそこそこ距離があるのでかなり反則な気もするが、もうここまで駅図書館ネタで書いちゃったので同館も駅図書館だという前提で進めさせていただこう。

高岡に訪ねたことがあるのは三度ほど。実はそこそこ縁がある市だ。私は弘前市の大学に入学したが、入会した某音楽系サークルで同じ学年の男子が高岡出身だった。彼は諸事情あり途中でサークルを抜けたがその後もそれなりに仲良くしていた。

卒業時には「一緒に飲みに行こう」と言っていたのに私の貧乏のせいで電話回線を切られてしまい、連絡できないうちに結局それっきりに。彼は郷里に帰ったはずだ。貧乏が憎い！　しかしよく考えたら公衆電話から彼の家にかければ良かったのにな。

はじめての高岡訪問では、国宝がある瑞龍寺へ。駅南側の街を歩いて10数分ほどで、なんだか下町感がある街だなあと感じた記憶が。さらに印象に残ったのが駅前北側のビル下に展開する地下街。それはも

図書館に行く前にカフェの誘惑が

藤子・F・不二雄が高岡出身なので
ドラミちゃんやのび太がいます

うとてもとても昭和感あふれる雰囲気で、ちょっとしたタイムスリップ感覚が味わえた。

中心街と言えるエリアはその駅北側に展開されていて、路面電車の停留所などがあるロータリーの向こうに長いアーケード商店街が伸びている。駅北口も行くたびに様子が変わっていたが今年の夏に訪ねたら、新幹線開通のためその変貌にもようやく終止符が打たれたようだ。すっかりきれいになり観光客の受け入れ態勢万全になった街からは、当然と言うべきかあのタイムスリップ地下街が消えていた。

先に書いたように駅舎から中央図書館があるビルまでは少し距離がある。だがそちらに行く観光客は意外と多いはずだ。なぜなら隣接するビルにホテルやカフェがあるから。

宿泊ついでに図書館に立ち寄って地元情報をチェックし、その後カフェでお茶やごはんを楽しむ。そんな時間がイメージできる一帯だ。図書館を訪ねた日は40度近い猛暑日だったが、このカフェで一息つけた。今度行く時はホテルに泊まろう！

高岡は昆布文化が盛んだそう。
知らなかった！

交 JR氷見線・城端線、あいの風とやま鉄道高岡駅古城公園口から徒歩3分
住 〒933-0023 富山県高岡市末広町1-7 ウイング・ウイング高岡2、3階
開 火～土9時～19時、日祝9時～17時
休 月曜（休日の場合は翌平日。第4は休日でも休館）、年末年始
近 Casual Dining BON、瑞龍寺

住宅街に降り立った巨大ＵＦＯ

羽咋（はくい）市立図書館（石川県）

図書館を勝手に分類して遊ぶのが好きで、本連載でも「海が見える図書館」などいろんなカテゴリをご紹介してきた。「展望塔がある図書館」もその一つ。同じ建物内に展望塔や展望コーナーがある図書館を指すが、中には展望塔のように見えてそうではないという一筋縄ではいかない館もあった。

　このカテゴリを作った当初は地上何十メートルといった高所にあるものを想像していたが、低層階に展望コーナーがある館もちらほら見つかってきた。周りに高い建物がないなど、ある程度の眺めの良さが見込めるためにそうした場所が作られていることが多いものの、それくらいの高さだとインパクトが少ない。逆に展望コーナーなどなくても館内から絶景が望める図書館もたくさんある。今後は展望塔だけにするなど、ある程度限定条件を設けたほうがシンプルでいいのかも。

　さてある時、所用でＪＲ七尾線の金沢七尾間を日帰り往復することになったのだが、途中でどこか図書館に立ち寄れないかどうか調べてみた。そこで目に留まったのが羽咋市立図書館。羽咋駅から徒歩10分くらいだし、駅を挟んで反対側には「車で走れる砂浜」として有名な千里浜なぎさドライブウェイがある。母が若い頃、この近くの海の家で住み込みバイトのようなことをしていたと聞いたこともあり、これもご縁ということで、七尾駅へ向かう列車を途中下車して立ち寄ってみることにした。

　先に駅西側の街を散策しながらドライブウェイのある海岸まで歩こう。駅を出て子浦川（しおがわ）沿いをしばらく北に向かうと、羽咋川との合流地点に差しかかる。2本の川が合流する内側には公立病院が建ち、そこから細長い中洲状の土地が河口に向かって伸びている。そのまま河口側に歩を進めればいいものを、ついふらふらと羽咋川沿いの道へと迷い込む。これで大幅に時間をロスした。ドライブウェイはほんの少ししか見る時間が残っていない。ただ天気は決して良くなかったので、また来ればいいとも思った。

問題は図書館のほうだ。次に乗る七尾方面行き電車までもう30分強しかない。急いで地図アプリで調べると徒歩20分ほどだという。こりゃもう歩きは無理やろ。近くの能登千里浜レストハウスの前でタクシーを呼ぶことにした。予想より早く3分くらいで来てくれたが、運転手さんが「どの道がいちばん短かったかな」と考えはじめた。いつもなら親切だなと感謝するけれど今回は違う。早く発車して～。

幸いなことにタクシーは5分弱で到着。羽咋市立図書館は宇宙科学博物館「コスモアイル羽咋」と併設で、敷地内に大きなロケットが立っている。これがまるで展望塔のように見えるのだ。住宅街の中にUFOを模した巨大な建物があるのはなかなかの奇景。ただし館内はとてもきれいで明るい。バタバタしたものの、また良い館に出合えた。

急坂と黒瓦が萌える住宅街

トイレのサインも宇宙人

微妙な天気でも来たぞ千里浜なぎさドライブウェイ

交 JR七尾線羽咋駅東口から徒歩11分
住 〒925-0027 石川県羽咋市鶴多町免田25
開 9時30分～18時
休 火曜（祝日の場合は翌平日）、年末年始
近 能登千里浜レストハウス、羽咋大橋から見た子浦川と羽咋川の眺め

勝山市立図書館（福井県）

福井県のモーレツな恐竜推しはいつ頃からはじまったのだろう。気がつけばそうなっていて、福井駅前のロータリーにも動いて鳴く恐竜のメカが鎮座ましますようになった。昔はあの恐竜たちもいなかったよなと思いつつも、いったいどれだけ福井県や福井駅に立ち寄ったことがあるのかと問われるとグッと詰まってしまう。

私の実家は大阪府内にあるが、福井ってよほど遅くに着いたのでもなければその日のうちに大阪に帰りつけちゃうのですよね。距離的に特急を使っても高くないし本数は普通電車よりも多く走っているのだ。特急でなくても、兵庫県まで連れて行ってくれる快速や新快速列車などが敦賀から出ている。

そうやって通過点的にスルーし続けているうちに福井は、誰もが知る「恐竜県」へと変貌を遂げたのだった。その福井県の恐竜ブームの総本山とも言えるのが勝山市だ。同市にある福井県立恐竜博物館は世界三大恐竜博物館の一角をなすと言われ、2023年7月には新館を増設した形でリニューアルオープンも果たした。

同博物館は勝山の観光名所となっており、私がえちぜん鉄道の勝山永平寺線に乗って勝山を訪ねた時も、起点駅の福井から一緒だった若いカップルが勝山駅から博物館への直通バスに乗り込むのを見た。私も恐竜博物館に行ってもいいなと思っていたのだが実はここ、遠くの山の上にあるのだ。その日は他にも行く街があったので、カップルを乗せたバスを見送りつつ泣く泣くあきらめた。

いや、泣くことはないぞ。私は図書館に行くのだ。同館が建つ勝山市中心部にアクセスするには、前述の勝山駅から九頭竜川に架かる勝山大橋を渡って、歩いて10数分ほど。この九頭竜川の眺めがすごい。暴

き、恐竜に襲われるーっ！

美しくも激しい九頭竜川

れ川の異名をとるだけあって橋の上からもごうごうと唸る爆流を堪能できるし、えちぜん鉄道の車窓からは美しい佇まいを見せてくれる。

街へと至る道のところどころに恐竜のモニュメントがあるのも楽しい。個人的には、図書館手前に建つショッピングモールの外壁にも恐竜の絵が描かれているのがわけもなく嬉しかった。モール内には地元カフェチェーンの店舗があり、20数種類のメニューを誇るというカレーに心惹かれたが、やはり時間の関係で泣く泣くスルー。

何度も泣きつつたどり着いた図書館は和洋折衷デザインとでも言おうか。かつてあった勝山城を模したっぽい部分と洋館ふうがミックスされた不思議な感じの建築で、その外観を眺めるだけでも楽しい。

もう少しだけ散策のつもりで歩いていて見つけたのがすぐ南の大野市に向かう路線が停まるバス停。おっ10分後に来る。急遽予定を変えて大野に向かうことに。たまには臨機応変なプラン変更も旅の醍醐味だ。博物館目当てにまた来て、ゆっくり歩こう。

ご当地スーパーにも恐竜の姿

交 えちぜん鉄道勝山永平寺線勝山駅前経由バス全路線のサンプラザ前かゆめおーれ勝山前バス停から徒歩3分、または勝山駅から徒歩18分
住 〒911-0802 福井県勝山市昭和町1-7-28
開 平日9時30分～19時、土日祝9時30分～17時
休 月曜、最終木曜、年末年始
近 かつやまサンプラザ、勝山大橋から見た九頭竜川

身延(みのぶ)町 下部公民館図書室（山梨県）

これまで全国各地を鉄道で旅してきたが、何度か利用しているものの「乗り通す」だけでまったく途中下車することがなかった路線もある。本数が少ないのも大きな理由の一つだが、始点と終点が何となくそのまま乗り通してしまいたくなるような位置関係、ということもあるのではないか。

山梨県の甲府駅と静岡県の富士駅を結ぶＪＲ身延線もまた、そんな路線の一つだった。改めて時刻表を調べてみると、特急を抜いてもそれほど本数が少ないわけでもない。海に近い富士市から山麓に囲まれた内陸都市の甲府まで直通で行けてしまう、というこの路線の個性がついつい乗り通させるような気がしている。

私は長旅が好きで、その途中で気ままに図書館に立ち寄るのが楽しいのだが、日を重ねていくと必ず直面せざるを得ないのが「月曜日休館問題」だ。日本ではほとんどの公共図書館が月曜休館制を採っており、つまり旅行日程に月曜が含まれているとその日は旅のついでに立ち寄れる図書館を見つけるのが困難になる。

ある時、大宮市から静岡まで鉄道で移動する途中で身延線を使うことにした。というのもその日は月曜で、大宮静岡間にある図書館のほとんどが休館日だったから。調べていてようやく見つけた開いている館の一つが、身延線の甲斐常葉(かいときわ)駅近くにある身延町下部公民館図書室だった。数キロ南には有名な下部温泉もある。途中下車の良い理由ができた。

身延線は甲府駅からしばらく、山々の上から覗く富士山の先っちょを左手に見ながら平地をゆく。市川三郷町(いちかわみさとちょう)の鰍沢口(かじかざわぐち)駅に差しかかるあたりで、右手に八ヶ岳をはるか向こうに見送りレールは徐々に山林に分け入る。

下部地区公民館最寄りの甲斐常葉駅はまさに山に囲まれた立地。小さな駅舎の向こうに山林が見え、住宅の並ぶ平地はほんの少し。駅前から公民館のある方向を眺めるとどうやら高台の上にあるようだ。街の起伏は実際に行ってみないとわからないことも多く、坂を上らされるかどうかを賭けたくじ引き感覚が楽しい。

集落を横切る、とても水がきれいな常葉川沿いを歩いていると、その情景やひなび具合に、こんな隠れ家的温泉街ありそうだよなあと思った。丘の上の公民館はとてもきれいな建物で紹介パンフまであった。図書室は小さいものの新着本や閲覧席もけっこうあって規模以上に充実している感。

館内をぼんやり見ていると歯ブラシを口に突っ込んだ地元の青年とすれ違い挨拶。外に出て外観を撮影していると、出てきた彼に「聖地巡礼的なやつですか?」と訊かれた。高台上の集落を散策していて見つけた猫を撮っていると、またさっきのお兄さんに会う。小さくて密なコミュニティなのだなあ。

街歩きの途中に出合った猫のヒメちゃん。いい目つき！

高台の上から見た常葉の集落

ホテル従業員寮のすぐ前に隠れた絶景が

交JR身延線甲斐常葉駅から徒歩8分
住〒409-2936 山梨県南巨摩郡身延町常葉1025 下部地区公民館内
開9時30分~17時
休土日祝、年末年始
近下部温泉、常葉川

元・登山少年、図書館に来たる

白馬村図書館

（長野県）

とにかく海好きなため、本連載でも海の話ばかり書いている。と言っても泳ぐほうの海ではなく、眺める専門だが。「見る専」というやつか。

今はどっぷり海にハマっているが、昔は登山少年だった。テントや食料が詰め込まれた巨大なリュックを背負って登り、三千メートル級の山中で何日間も過ごすのだ。もちろん子どもが一人でそんな登山をできるわけがない。両親とともに三人で登る。家族旅行にしてはいささか本格的な登山だと言っていいだろう。ガチの登山一家になったのは、青年の頃から山登りが好きだったという父の影響だ。

忘れもしない、両親にはじめて連れて行ってもらった山は長野県の白馬岳だった。小学校1年生だったと思う。今も変わりないが、私はとにかく体力がなく運動も苦手な人間で最初から本格的な登山ができたわけではなかった。はじめての白馬登山は登山道のかなりスタート地点に近いあたりでギブアップ。無念のリタイアとなった。その時はそんな自分が情けなくてべそをかいた記憶がある。

ただ私は根性なしのくせに負けず嫌いでもあるので、次の年には頑張って無事登頂を果たした。とは言え、白馬を頂まで登らせたのは単に負けず嫌いゆえではなかったと思う。やはりその絶景が子どもなりに心に響いたのだ。

大学入学とともに実家を離れ、登山も縁遠くなったのだが、かつて登った時の白馬の絶景はずっと記憶の中にあった。だからたまにJR大糸線に乗って白馬連峰を眺めたくなることがある。青森市に移住してから何度か大糸線に乗ったが、当日晴れているかどうかは半々という結果。いちばんひどい時は代行バスになった上、山並みは麓まで完全に雲で隠れていた。その時はたまたま体調も悪く、トラウマ級

観光名所でなくてもこの絶景

図書館では大変珍しい折戸式自動ドア

の旅だった。当たり外れが激しい路線だ。

ある年の春の大糸線乗車時ではこれ以上ないという晴天に恵まれたので、白馬駅で降りてみた。連峰のお膝元自治体の一つ白馬村の図書館を訪ねがてらぶらぶら街を歩いてみることにする。ここの街歩きの楽しさは、いかにも登山の玄関口という街の雰囲気。そしてほぼどこからでも白馬の山並みが望めることだろう。気がつくと山のほうばかり見ている。

図書館は駅から徒歩10分足らず。街で一番交通量の多い国道を通るルートがわかりやすい。とても小ぢんまりとした建物だからか、その向こうに見える白馬連峰の雄大さとのコントラストがよりくっきりと記憶に刻み付けられる。絶景図書館！

面白いなと思ったのが入口のドアが折戸式だったこと。私の知る限り、入口にこれを採用している図書館の事例を思いつかない。だからどうした、だけれどもこうしたちょっとした発見がまた楽しい。街歩きを楽しんだら、姫川の大出公園や松川に架かる松川橋など近場の白馬絶景スポットもぜひご堪能を。

ビルのガラスに映る白馬連峰

交 JR大糸線白馬駅から徒歩6分
住 〒399-9301 長野県北安曇郡白馬村北城7025
開 9時～18時
休 月曜、祝日、最終金曜、年末年始
近 白馬ハイランドドホテル、平川神社

岐阜市立図書館分館（岐阜県）

本連載をはじめた理由はいろいろだが、その中の一つに「もっと知られざる図書館を紹介したい」という気持ちがあった。メディアで紹介される図書館はかなり定番化してきている。もちろんそうした有名館のほとんどは何度も紹介されるだけあってすばらしいものだ。

実際に私も足を運び確かに良い図書館だなあ、と思うことがけっこうある。最近だと佐賀県の伊万里市民図書館でそう感じた。ただ、こうした有名館の向こうにもたくさんの愛すべき図書館があり、それら全てが日本の図書館文化を支えている。著名な図書館がある場合は、同じ自治体内の他の館に対する視線はかなり希薄になる。私はひねくれ者なので有名館ではないほうが気になってしまう。

岐阜県岐阜市には、図書館シーンに燦然と輝くスーパー館がある。岐阜市立中央図書館を含む複合文化施設「みんなの森ぎふメディアコスモス」だ。設計は、仙台市民図書館のあるせんだいメディアテークや大学図書館デザインの傑作と言われる多摩美術大学八王子図書館を手がけた伊東豊雄。

ある意味、ここまで徹底的にヴィジュアルを売りにした図書館も珍しい。名建築館は、館内に入るとそれほどでもないというところも多い。図書館機能に即したデザインを優先すると仕方がないところもある。ただメディアコスモスの場合は、図書館では珍しく撮影が許可制ですらなく「ほぼ自由」だし、館内のあらゆる場所が見ていて楽しい。私のような天邪鬼でも掛け値なしに楽しめる館だ。日本屈指の「映え館」だと思う。

しかしここは岐阜駅から遠い。たいていのところなら徒歩で行っちゃおうとなる私でもバスを選ぶ立地。もちろん公共図書館は地元の人たちのための施設なので、その「遠さ」を旅行者があれこれ言うのは、ないものねだりだし傲慢ではある。

では他の図書館に目を向けてみよう。市の玄関口にして巨大ターミナル駅のJR岐阜駅すぐ隣に「ハートフルスクエアーG」という生涯学習拠点施設がある。ここはおそらく、旅行者が偶然その存在に気づいて訪ねることはほぼないと思う。というのも、行くつもりだった私ですら駅からどう行くかわからず駅員さんに訊ねたからだ。飲食店などが集まるにぎやかな駅ビル「アスティ岐阜」の1階の中を東側に通り抜けると入口にたどり着く。ドアの向こう右側の細長い空間が岐阜市立図書館分館だ。

ここはまさに、地元住民の隠れ家的図書館と言うべきだろう。お年寄りから学生まで多様な利用者が館内で思い思いの時間を過ごしていた。岐阜駅の喧噪はここには届かない。

外に出て行き交う人々を眺めていると、駅前広場に立つ黄金の信長像が反射した強い陽射しに目を射られた。うっ。

バスでメインストリートを進む。街が広い！

岐阜市のにぎわいを象徴するような岐阜駅の巨大デッキ

メディアコスモスでパチリ

交 JR岐阜駅改札から東へ徒歩２分。名鉄岐阜駅から徒歩5分
住 〒500-8521 岐阜県岐阜市橋本町1-10-23 ハートフルスクエアー G1階
開 9時~21時
休 最終火曜、年末年始
近 みんなの森ぎふメディアコスモス、黄金の信長像

にぎわいの歴史を引き継ぐ図書館

袋井市立袋井図書館（静岡県）

旅先で観光用のパンフレットをもらってくるのが好きだ。デザインのセンスがとてもいいもの、知らなかった情報をたくさん教えてくれるもの、とにかく地元愛が感じられるものなど多種多様で楽しませてくれる。

めぐりめぐって、そうしたパンフやイベントのお知らせなどをたくさん配布している図書館を好ましく思うようにもなった。単純に楽しいのもあるが、そもそも図書館ウォーカーという趣味の特徴は「旅先では本を借りられないのに、どうしてわざわざ図書館を訪ねるの?」というところにあった。図書館は地元文化情報の拠点となる施設でもあるので、本が借りられない旅行者でも得られるものは多い。その一例が観光パンフであり、日常に寄り添った立地から感じられる街の雰囲気だったりする。

先日訪ねた静岡県袋井市でも、図書館配布ではなかったが神パンフに出合った。市観光協会が発行する「ふく呑み」の第4弾、美味しい肉料理特集だ。出色なのは、市内の飲食店が提供する美味しそうな肉料理の写真が満載なのに加え、なぜ袋井市でこんなに肉食が盛んなのかという歴史的背景についても触れているところ。

昭和30年代、袋井市ではもともと農家が農作業のために飼っていて、仔牛を家畜業者の仲介で売ることが多かった。それを直接販売できるようにと建てられたのが家畜市場。全国から数多くの買い手が集まり、ひところは東洋一とも言われたほどの盛況を博し、街も非常ににぎわった。パンフの「呑み」という言葉通り、とりあげられている飲食店のほとんどが夜から営業だが、載っている多種多様な肉料理を食べるためにここに泊まってもいいなとさえ思わされる。

旧宿場町だと教えてくれた公園

静橋のレトロかっこいい電灯。夜に見たい！

現在の袋井市は、訪ねた時が平日午前中ということもあり、落ち着いた地方都市という佇まいを見せていた。しかしこの街は家畜市場ができるはるか以前にもにぎわいに包まれた歴史があることを散策中に知る。実はここ、宿場町だったのだ。袋井宿は東海道五十三次のちょうど真ん中にあることで知られ、JR袋井駅から徒歩10分ほど、原野谷川に架かる静橋を渡ったところに袋井宿場公園があった。

図書館は駅北口ロータリーから伸びる2本のメインストリートの細いほう「東通り」の突き当たりに建つ。ところが着いて建物を見て、ありゃりゃと空を仰いでしまった。改修工事をはじめていて、外壁の一部が足場で覆われているのだ。どうやら間もなく本格改修に入り2ヵ月間休館するらしい。

館内に入ってそのにぎやかさに驚く。とてもたくさんの利用者がいて、職員さんも元気がある。かつての街のにぎわいは図書館に引き継がれたのか。ここは2階からの川の眺めも見どころだ。改修して生まれ変わってもきっと、この眺望は健在だろう。

図書館2階からも見える穏やかな川面

交 JR東海道本線袋井駅北口から徒歩7分
住 〒437-0027 静岡県袋井市高尾町19-1
開 水木9時30分～19時、水木以外9時30分～17時30分
休 月曜、第4金曜のうち館長が定めた日、3月31日、年末年始
近 静橋、駅前ロータリー内水飲み場の猫の石像

大都会の中のオアシスに水鏡図書館が

名古屋市中村図書館（愛知県）

本連載から66回分をピックアップしカラー写真などを加えて書籍化した「図書館ウォーカー　旅のついでに図書館へ」の書き下ろしコラムでは、図書館を楽しむための自由な分類法を「図書館勝手ゴライズ」と命名している。

連載でもたびたび触れている「海が見える図書館」にはじまり、展望塔や駅舎併設だったり名建築だったりいろんな自作カテゴリがある。中でも最近は、近くに池や湖などの水スポットがあり水鏡状にその姿が映る館に注目することが多い。「水鏡図書館」だ。下調べ段階では水鏡だとわかっていなかったところもあれば、前もってそれが判明していてその映りっぷり（これこそ真の「映え」だろう）を楽しみに訪れる館もある。

後者ではホームページなどで写真を見て図書館が水鏡に映ることを発見する場合がほとんど。一例に大阪府の松原市民図書館「読書の森」や広島県の福山市中央図書館などがある。サイトを見に行ってみてください。図書館ウォーカーでは「訪ねる前の想像でどれだけ楽しめるか」も大事だと考えている。ネット上の水鏡図書館の写真を見たら、実際にその場に立つとどんな感じなのかなあと訪問の時が楽しみになってくる。

私は大都市よりもあまりたくさん人が行かない小さな街を旅先に選ぶことが多い。都会の図書館は訪問候補に入れないことがほとんどだ。ただ名古屋市の中村図書館は水鏡に映ることを偶然ネットで見つけてしまったので、実家のある大阪から青森に向けての長い北上旅行の途中に寄ることにした。これから先を読む前に、市図書館サイト内「各区図書館の案内」で同館の写真を見るのをおすすめしておきます。

中村区は一大ターミナルとなっている名古屋駅を

擁する区だが、同駅から市営地下鉄で10分ほどの位置にある最寄り駅の中村公園駅まわりは、意外なほどに下町感あふれる街並みだった。中村公園駅の出口を上って地上に出ると、五差路をまたぐように立つ大きな鳥居が目に飛び込んでくる。図書館も建つ中村公園内に豊国神社があり、鳥居から公園までが参道になっていた。

駅から北に向かって7、8分歩くと中村公園。同園は面積的にはそれほど大きくないが図書館、神社に2つの池や競輪場まである「文化の園」だ。訪れたのは桜の時期の夕方で、多様な人々が池のまわりで花見がてらの散歩を楽しむ姿が見られた。派手めの女子高生2人とおじいちゃんという変わった組み合わせの3人組などもいて面白い。

行ってみてわかったが、池の水鏡は図書館や劇場併設の複合施設の横にあり、建物の表側は神殿ふうの壮大なデザインで圧倒される。同じく施設内併設の秀吉清正記念館も見どころ。盛りだくさん過ぎてなかなか公園から出られないよ。

地下鉄駅から地上に出たら巨大鳥居がまずご挨拶

ばっちり水鏡

下町ののんびり感がしっかり残る参道

交 名古屋市営地下鉄東山線中村公園駅１～３番出口から徒歩12分
住 〒453-0053 愛知県名古屋市中村区中村町茶ノ木25 中村公園文化プラザ1階
開 9時30分～19時
休 第1・第3月曜（祝日の場合は翌平日）、年末年始
近 秀吉清正記念館、豊国参道

亀山市立図書館（三重県）

フリーランスは仕事の波が収入の増減に直結し、それによる生活の変化は健康状態をも左右する。私はいつも見通しが甘いのでまさか自分もそうなるとは思っていなかった。「俺は売れる！」という根拠のない自信はクリエイターあるあるだ。

しかしここ数年は、稼げる人はほんの一握りという現実に向き合わざるを得ず、心身の不調に悩まされ自分の「これから」をかつてなかったほどよく考えるように。そんな自分をリフレッシュさせてくれるのはいつも「図書館ウォーカー旅」だった。

私は基本的に何をしている時も並行していろんなことをごちゃごちゃと考えているほうなのだが、旅先の街を散策したり列車やバスの車窓を眺めてカメラを構えシャッターチャンスを狙っている時間だけは何も考えていない。その思考空白の時がリフレッシュ効果を発揮したようだ。図書館ウォーカーの旅で学んだことはもう一つある。つい先日の旅の例を書くことが、その説明に最適だろう。

三重県の北部、滋賀県甲賀市との県境に位置する亀山市という自治体がある。同市の中心駅ＪＲ亀山駅前に２０２３年1月16日、市立図書館が移転新築オープンした。旧館は確か、駅から徒歩15分くらいかかる高台の亀山公園内にあったはずだ。列車の乗り継ぎが良いのと坂を上るのが微妙でずっとスルーしていた。それが駅のすぐ前に移転とは、何たるお導き。ちょうど3月の上旬から中旬にかけて大阪の実家に帰省していたので、ＪＲ関西本線に乗って、いざ亀山。

この路線の車窓風景なら、京都府木津川市の加茂駅以東でしばらく続く木津川の眺めがイチオシだ。ただ小さなロングシート車両で運行されることが多いので、充分には楽しめないかもしれない。川と山

踏切の足元に不思議な囲い

列車が偶然通ったので思わず撮り鉄

の織り成す景色を1時間半ほど見ていると亀山駅に着く。先に書いたように乗り継ぎが良いので降りたことがなかった。はじめて降りる駅はわくわくする。

いくつものホームが並ぶ亀山駅を出るとすぐ目の前、ロータリーの向かいに図書館とその背後に高層マンションが見えた。しかし1階に入ったら様子がおかしい。ありゃりゃ休館日やん。ここが変わっているのはイスやテーブルが並んだ1階の共有スペースが休館日でも使用できることだろう。

図書館ウォーカー旅では、さまざまな理由で入館できないことも多い。そんな事例を繰り返すうちに身に着いたのが「一喜一憂しない」という姿勢。図書館に入れなければそのぶんまわりの街歩きを楽しめばいいのだし、ショックを受けすぎても旅のその後がつまらなくなる。幾多の図書館ウォーカー旅を通じて人生の何事もそんなふうに受け取るようになり、気がつくと心も体調も良くなっていた。

亀山は近くの文化ホール外観や鈴鹿川の眺めを楽しんだし、再訪する理由もできた。それでいいのだ。

亀山に向かう列車から見た木津川の絶景

交 JR関西本線・紀勢本線亀山駅から徒歩1分
住 〒519-0155 三重県亀山市御幸町318-1
開 9時~20時（1階展示交流エリアは21時まで）
休 火曜（祝日の場合は翌日）、第4金曜、年末年始
近 亀山市文化会館、鈴鹿川

a library walker in KINKI

近畿

長浜市立長浜図書館（滋賀県）

日本図書館協会が出版する「図書館雑誌」という機関誌がある。この雑誌には、新しくできた図書館を写真やデータ付きで数館紹介するページが時々載るので、情報収集のためたまに読んでいる。

先日行きつけの青森市民図書館で2022年8月号を開いたら、同年度の日本図書館協会建築賞発表のニュースが掲載されていた。受賞した2館とも訪ねたことがあったので嬉しくなってしまった。その2館は、滋賀県の長浜市立長浜図書館と高知県高知市にあるオーテピア高知図書館。同賞については「日本図書館協会建築賞」でググれば受賞館一覧ページが出てくるので、そちらをご参照ください。受賞した館を巡る旅なんてのも楽しそうだ。

長浜図書館のオープンは2019年の12月初日で、私はちょうどその月の中旬に青春18きっぷを使って大阪に帰省していた。きっぷの残り1日分が余ったので琵琶湖周遊日帰り旅に出ることにする。せっかくだから面白そうな図書館にも寄りたいな、と情報収集していたら見つけたのが長浜図書館新規オープンのニュース。新規開館直後に立ち寄れる機会はそう多くないので、行ってみることにした。

長浜市は琵琶湖沿岸の北東部を占め、大阪から鉄道でアクセスするには大きく分けて2つのルートがある。1つは守山や近江八幡、彦根など東岸の自治体を縫って行くJR東海道本線と北陸本線の乗り継ぎ。もう1つは湖の西岸を走るJR湖西線だ。東海道本線にくらべ運行本数が少ないが、かわりに高架上を行くことが多いので車窓風景ではこちらに軍配が上がる。

湖西線経由で長浜に向かうには、近江塩津駅で北陸本線の米原方面行きに乗り換える。同駅の周辺はいかにも日本の伝統的な農村風景が広がり、プチ散

雨上がりの輝きを見せる長浜の街

琵琶湖のさざなみを模したらしき外壁

歩に最適な環境だ。近江塩津を出て右手に余呉湖を見つつ南下するとやがて、レールの両側を田んぼが取り囲むエリアに差し掛かる。ちょうど小雨が上がったばかりで二重の虹が架かり、日光で田んぼが黄金色に輝き実に美しかった。

長浜駅は明治時代くらいの建築様式を模したレトロなデザイン。また東岸沿いの他自治体のメイン駅と違い琵琶湖がすぐ近くという立地でもある。

田んぼを彩る黄金の陽光はまだ健在で、たどり着いた長浜図書館をきらきらと照らしている。建物は板状の壁が並ぶデザインが特徴だが、壁にはうっすらと波のような凹凸がある。日光で際立ち魅力を増したそれを見て、この日に訪ねて良かったと思った。

図書館は複合施設さざなみタウンの一部「ながはま文化福祉プラザ」の中にあり、そのせいなのかどうか、とにかく親子連れが多かった。訪れたこの時はのちの建築賞受賞など知る由もないが、この館はきっと地元の人たちに末永く愛されるのだろうなと感じたことをおぼえている。

この日の琵琶湖は風にあおられ激しい波でした

交 JR北陸本線長浜駅東口から徒歩15分
湖国バス近江長岡線または長浜市内循環線さざなみタウン前バス停下車すぐ
住 〒526-0037 滋賀県長浜市高田町12-34 ながはま文化福祉プラザ内
開 平日10時~20時、土日祝10時~18時
休 火曜、最終木曜、年末年始
近 豊公園、長浜鉄道スクエア

京丹波町図書館和知分館（京都府）

俗に鉄道ファンのことを「鉄ちゃん」と呼ぶ。しかしなぜか女性の場合「鉄子」と呼んで区別する傾向も。女性も鉄ちゃんで良くないか？

近年フェミニズム的観点から「物言い」をつけられる表現が増えてきた。個人的にはとても良い流れだと思っている。日本全国を鉄道で旅していると、女性の鉄ちゃんは確実に増えていると感じる。いや可視化されてきたと言うべきだろう。

昔は鉄道好きの女性がそのマニアックさを露わにしていると「女なのに」と言われただろうことは想像に難くない。だが今や鉄子などと物珍し気に区別しなくとも、女性の鉄道ファンは世に数多存在するし、例えばエッセイストの酒井順子さんのようにその趣味を公言する人も少なくない。

本連載でご紹介している公共交通の旅でも女性の鉄ちゃんをよく見かけたが、私自身は鉄道ファンではない。車両の種類とかも全く興味はないし。ただ将来テクノロジーが整備され、免許がない私も自動運転車で移動できるようになったとしても、やはり旅では公共交通メインで移動するだろうなという気はする。公共交通は言わばパブリックな場で、乗るだけでその土地に少し入り込めた気がする。鉄道のほうがより旅を楽しめるという意味では、私も鉄ちゃんにあたるのかもしれない。

図書館の中には、鉄道ネタ推しの館もちらほらある。例えば長野県松本市の南部図書館も鉄道推しで、理由がわからず図書館員さんに訊いてみたら「最寄りの南松本駅には大きな貨物駅もあり意外な鉄道の名所なので」とのこと。

今回ご紹介する京都府の京丹波町図書館和知分館もまた鉄ちゃん向けの館。館内から、すぐ横を走るJR山陰本線の列車の姿を眺められるということを売りにしているのだ。先に書いたように私は列車自体には興味がないので、同館の鉄ちゃん的な楽しみ方に共感できるとは言えないが、立地条件は前から気になっていた。

JR和知駅のすぐそばに建つ和知ふれあいセンター内にあり、周囲は山陰本線に並行して流れ、やがて日本海に注ぐ由良川が大きく蛇行した内側に展開する山あいの集落。和知駅は京都駅から電車で一時間半弱もかかるローカルさ。地元のお年寄りの交流の場になっているらしき、駅舎内の喫茶店を兼ねた待合室も良い。

図書館は予想より小さかったものの、目の前を通る特急列車のパンフなどもしっかり置いてある。書架を見ている間にも列車が1本通過した。蔵書も含め、子どもが喜びそうな空間だと感じた。

駅は由良川へと下る山肌の中腹にあり、坂を下りて集落を散策したが川べりに住宅が建ち並び川は見えない。かわりに跨線橋で駅向こうの高台に渡ると山々に囲まれた和知の絶景が楽しめた。

地元のお年寄りが集まる駅併設喫茶店「山ゆり」

ゆっくり散策したくなる駅の標語

高台の住宅地から見下ろした和知の街並み

交 JR山陰本線和知駅から徒歩1分
住 〒629-1121 京都府船井郡京丹波町本庄花ノ木1-4 和知ふれあいセンター内
開 10時～18時（正午～13時は昼休み休館）
休 月曜、日祝、最終木曜、年末年始
近 ふるさとセンター山ゆり、いぼ水宮

豊中市立螢池図書館（大阪府）

最近にわかに気になっているのが、空港に至近の図書館がどれくらいあるのかということ。本連載の東京都大田区立浜竹図書館の回では、同館ではなく同じ大田区内の羽田図書館が羽田空港最寄りだとご紹介した。

個人的に空路ではなく鉄道を利用する旅のほうが断然多いため、空港の立地や周辺の街並みに気を配ることはこれまでほとんどなかった。それに空港は基本的に通過点だから、近辺に立ち寄るという発想がそもそもない。しかし空港周辺の図書館にもあえて目を向けてみるとけっこう面白い。

例えば、長野県の松本市にはその名も空港図書館という館がある。信州まつもと空港隣接の信州スカイパーク内に建っていて、園内には多目的ドームやプールなどさまざまな施設の他、散歩やジョギングなどのための通路も整備。四季折々に咲く花々も豊かなのだそうだ。近辺に住む住民は家族連れでここに遊びに来るのだろう。

図書館という施設の特徴は、地元の人に足繁く通ってもらう立地になっている点だが、同館においてはなぜ空港の近くに？という疑問は氷解する。家族での利用が見込めるということだ。他にも空港至近の図書館の例を挙げると、愛知県豊山町の社会教育センター図書室。県営名古屋空港から1キロも離れていない。ちなみにこの空港は小牧空港の通称があるが、実は所在地は豊山町なのだった。

松本と豊山は情報だけ知っていてまだ行ったことがない。しかしもう一つの例、大阪府豊中市の螢池図書館は何度か足を運んだことがある。ここは伊丹空港から距離で1キロほど、モノレールで一駅という場所だ。私の実家は大阪府内だし伊丹から青森空港への直行便も出ているので、自然と同空港には足

伊丹空港側から望むルシオーレ周辺の街並み

大阪モノレール各駅に設置された
モノレール文庫

が向く。ただしこれまで書いてきたように通過点として捉えていた。

蛍池図書館は阪急宝塚線と大阪モノレールの蛍池駅すぐ横にある複合施設ルシオーレの北館5階。駅直通のデッキを通ってルシオーレに入れるので「駅図書館」の一種と言ってもいいだろう。

このルシオーレ、コープや薬局、衣料品店に飲食店など多種多様なテナントが入っているのだが、ローカルなムードにあふれていて実に楽しい。世界に開かれた空の玄関口のすぐそばに、こんな「日常の風景」があるとは。

館内も地元の空気に満ちていて、地域住民がくつろぎながら本や新聞を読んでいる。でも窓の外にはひっきりなしに離着陸する飛行機の姿が。同館のユーザーにとっては、これが日常なのだ。

この図書館には伊丹から飛ぶ前に何度か行ったが周辺散策には至っていない。この次は駅まわりをのんびり歩いてみよう。そんな街との出合い方も、また楽しい。

間もなく着陸いたします

交 阪急宝塚本線または大阪モノレール本線蛍池駅西出口からすぐ
住 〒560-0033 大阪府豊中市蛍池中町3-2-1-502 ルシオーレ北館5階
開 月水10時〜19時、月水以外10時〜17時
休 金曜、祝日（金曜の場合は直前の平日。土日の場合は開館）、
最終木曜（8月と12月はのぞく。祝日の場合はその前日）、年末年始
近 箕輪池、ルシオーレ

豊岡市立図書館城崎(きのさき)分館（兵庫県）

日本には数多くの温泉地があるが、人がぱっと口に出して言えるベスト3は、大分県の別府と群馬県の草津、そして兵庫県の城崎ではないだろうか。宮城県の鳴子や北海道の登別もその候補かも。

私はこのうち、鳴子温泉でしか入浴したことがない。坂の上にある名湯「滝の湯」に入り、隣の鳴子御殿湯駅まで歩いて駅前の図書室に行ったのだが、それはまた別の話。草津はそもそも行ったことがないし、別府は交通機関の乗り換えついでに街歩きしただけ。登別は駅前の水族館とやや離れた場所にある海を見に行き、バスで行かなければいけない温泉はスルー。

最後の一つ、城崎は温泉街をぶらっと歩いてみたけれど入浴はしなかった。しかしこの街のはずれにある図書館には行ったことがある。そんな観光客は私だけかもしれない。城崎には大学1年時にも一度行ったことがあった。高校時代に入っていた美術部の夏休み合宿について行ったのだ。私は高校では軽音楽部と美術部を掛け持ちしていた。

美術部に入部したのは絵が得意だったからでも何でもなく、面白い先生が部の指導にあたっていたから。現代美術家と美術教師を両立していらした、杉浦美佐緒先生だ。私は今も昔も根気がなく、美術に必要な地道な作業の反復などは劣等生だった。ただ当時から物書きになりたかったので、私なりに「作り手」としてのあり方みたいなものを先生から吸収しようとしていたと思う。

大学入学を機に、大阪から遠くて異文化圏の弘前市に引っ越しはじめての一人暮らし。兵庫県香美町の余部(あまるべ)にあるユースホステル的施設へ風景画合宿に行く先生と後輩たちに同行することにしたのは、やはりさびしかったからなのだろう。

余部と言えばJR山陰本線の大きな鉄橋。その頃はまだ赤い旧橋梁が健在で、足元の海で後輩たちと並んで風景を写生したことをおぼえている。合宿の帰りには電車の乗り換え待ちで小一時間城崎温泉駅周辺を散策。私は駅前のジャズ喫茶に入り、その時かかっていたのが好きなレコードだったので嬉しかった記憶も。

再訪はそれから30年近く経ってからになった。城崎は豊岡市内にあたる。豊岡駅側から鉄道で向かうと、右手に大きな円山川が見えてくる。この時の「もうすぐ城崎温泉だな」感はかなり旅の実感を充足させてくれる。

豊岡市立図書館城崎分館は、豊岡市役所城崎庁舎2階にある。同庁舎は、あの有名な温泉街の端のトンネルをくぐった先に建っていて、すぐ横にはラムサール条約に登録された桃島池がある。周りに他の建物がないため館内は明るく、池や走る列車の眺めが楽しめるのも特色。温泉旅館のような庁舎の外観も面白い。湯治の際はぜひご利用を。

山陰本線の列車から見た城崎庁舎と桃島池

まずはこのトンネルを見つけましょう

けっこう車通りが多い城崎市街

交 JR山陰本線城崎温泉駅から徒歩8分
住 〒669-6195 兵庫県豊岡市城崎町桃島1057-1 豊岡市役所城崎庁舎2階
開 10時～18時
休 火曜、祝日、月末日（火曜の場合直前の平日、土日の場合直前の金曜）、年末年始
近 桃島池、円山川

日本野球の酸いも甘いも見守り続けて

西宮市立鳴尾図書館(兵庫県)

書籍「図書館ウォーカー　旅のついでに図書館へ」に掲載したことが縁で、大阪府の松原市民図書館「読書の森」主催のトークイベントに出演させていただくことになった。

実家が府内なので数日前から帰省していたが、その間に阪神タイガースが18年ぶりのセ・リーグ制覇を果たした。優勝が決まる瞬間を、母と二人でテレビで観た。阪神、優勝、そしてテレビと来れば私にも思い出がある。伝説のバックスクリーン3連発やランディ・バースが球団初の三冠王獲得などで有名な1985年、私は小学校6年生だった。

そのシーズンの、球団史上初の日本一決定の瞬間を、小学校の教室で先生やクラスメートたちと一緒にテレビで観ていた記憶があるのだ。たぶん運動会が終わった後で、「特別な試合だから」的な感じで先生が気を利かせて点けてくれたのだろう。

デーゲームのその試合は、阪神の助っ人外国人投手ゲイルが見事最後の打者をピッチャーゴロに打ち取り、ゲームセット。みんなで拍手した。この時はきちっと勝ったが、日本一への第一歩だったセ・リーグ優勝決定戦では引き分けで優勝をゲット。その「しまらなさ」は何とも阪神らしかった。

このシーズンにもレギュラーだった岡田彰布(あきのぶ)さんが、今回は監督としてリーグ優勝を果たした。しかも本拠地甲子園での勝利で。「アレ」はきっと流行語大賞になるのではと予想する。結局阪神はそのまま二度目の日本一に輝き、アレも流行語年間大賞に。

本連載ではどんな図書館に行きたいのかということについて、さまざまな観点から検討してきた。今回は「タイムリーなネタ」の現場近くに図書館があるのかどうか、という発想でしてみよう。つまり甲子園の近くに図書館はあるのかどうか。するとおあ

甲子園名物ツタの壁

図書館前の道路から見た甲子園

つらえ向きに近くにあるのだ。松原市でイベント出演した翌日、早速行ってみることにした。

甲子園最寄り館は、西宮市立鳴尾図書館という。阪神優勝の際にファンが道頓堀に飛び込む問題で話題になるので、関西以外の方は甲子園が大阪府内にあると思われるかもしれないが、実は兵庫県なのだ。

鳴尾図書館は甲子園の向かいにある巨大モールのららぽーとの脇を数分歩いた場所に建っている。まっすぐ道がのびているので、入口から甲子園のほうを見るとその威容が視線の先に見える。

同館は2階建てだが1階に書架はなく、学習室やロビーだけという珍しい構造。訪問時この1階の視聴覚室には、市と友好都市の関係にあるブラジルのロンドリーナに移民として渡った人たちの記録が展示されていて、興味深く拝見した。

この日は何も考えずお昼ごろ甲子園に向かったが、尼崎で最寄り駅に向かうため電車を乗り換えたらすし詰めで驚愕。何と偶然にもデーゲームの前だったのだ。車内でも、また降りた後も人だかりにもみくちゃにされ、ファンの熱気を全身で感じた。

アレの熱気、すごかったです

交 阪神本線甲子園駅から徒歩10分
住 〒663-8178 兵庫県西宮市甲子園八番町1-20
開 4月～9月の平日9時30分～19時、土日祝休と10月～3月の平日9時30分～18時
休 月曜、第1木曜（祝休の場合は開館し翌平日休館）、年末年始
近 ららぽーと甲子園、阪神甲子園球場

大和郡山市立図書館（奈良県）

青森市に移住してほぼ20年。すっかり東北人感覚の今では「郡山」と言えば福島県第二の都市、郡山市を思い浮かべるが、もし実家のある大阪にいたままだったら奈良県の大和郡山市を挙げただろう。

関西圏の人間にとって大和郡山はとにかく「金魚」のイメージが強い。３００年の歴史を持つ、日本有数の金魚養殖の街なのだ。私も少年時代に金魚を飼っていたことがある。何となくペット的なものを飼ってみたいというふわっとした興味からだったし、特に高くもなく見栄えもしない品種だったためか、すぐ飽きた。とは言え別れの悲しさも体験した。

放課後に帰宅したらなぜか死んでいて、涙ぐみながら玄関先の小さな庭の土の下に埋めた記憶がある。書いていてだんだん思い出してきた。飽きたなりに頑張って飼い続けていたはずで、すぐ藻などで汚れる水槽をこまめに洗ったりしていた。金魚を死なせて悟ったのが、自分のようにものぐさで、共感力も生き物をいたわる優しさもほぼゼロな人間は、ペットを飼ったり子育てするなど生命を預かる行いを軽はずみにやってはいけないということだ。

奈良県内に鉄道で行こうと思ったら注意が必要だ。ＪＲと近鉄の両鉄道路線が入り乱れて走り、自治体により双方のメイン駅に該当しそうな駅がそれぞれ離れている。しかも街の中心部がどちらかの周辺に偏ったり似たような駅名なことが多い。

大和郡山市の場合、中心部と図書館はＪＲ大和路線の郡山駅ではなく近鉄橿原（かしはら）線の近鉄郡山駅周辺エリアになる。2路線は両駅から南に徒歩20分ほどの場所でたった一度だけ交差するというすれ違いぶりなので、市内の目的地がどこにあるか、つまりどちらの駅が最寄りかを把握しておかないとけっこう大変なことになるかもしれない。

大和郡山と言えば金魚、の印象を強く持っている関西人も街そのものを訪問した人はあまり多くないのではないだろうか。もしいるとすれば本人かお子さんかが熱心な金魚ファンなのでは。

市の図書館は近鉄郡山駅から北に徒歩10分ほど、線路を挟んで郡山城跡のある辺りに建っている。線路沿いの道を北上するのが一番かんたんに行けるルートだが、せっかくなので軽くまわりみち。スマホの地図アプリで確かめつつわざと細い道を歩いてみてはじめて知ったが、駅周辺の街並みは町屋が多く建ち並んでいて、レトロを通り越し歴史的な趣きを感じさせる。

図書館はDMG　MORIやまと郡山城ホールという和風デザインの巨大な複合文化施設内にある。レストランに文化ホール、武道場なども備え「街のもう一つの城」的な風格が。では最後に本物の城へ。面白いのは内濠が高台にあること。坂を上りつつ濠を眺める変わった体験ができる。周りにはいくつも池があり、多様な水鏡が楽しめるのでぜひぜひ。

町屋が建ち並ぶ細い通りがたくさんあります

近鉄の駅まわりではおなじみの下町感

春には花見客でにぎわう鷺池

交 近鉄橿原線近鉄郡山駅から徒歩10分、JR大和路線郡山駅から徒歩17分
住 〒639-1160 奈良県大和郡山市北郡山町211-3 DMG MORIやまと郡山城ホール内
開 土曜9時30分～21時、土曜以外9時30分～19時
休 火曜、第1・第3水曜、特別整理期間（2月末から10日間ほど）、年末年始
近 郡山城址、紺屋町の水路

湯浅町立図書館（和歌山県）

唐突だが、私と同じように一人旅がお好きという方にご質問。旅先での晩御飯、どうされていますか。小さな地方の街は夜に一人で気軽に食事できるお店が意外と少なく、けっこう苦慮している。ブームを作った吉田類さんや太田和彦さんみたいに、地元のおいしい料理やお酒を出すいい感じの居酒屋に行けばいいじゃん、という声もある。

ただ、私は一人酒をしない。酒はかなり強いほうだと思うが飲めるだけで好きなわけではない。なので居酒屋は選択肢にならない。またお店のほうでもお酒が最も利益率が高いと聞いたことがあるので、私のような単価の低い客は迷惑だろう。

そこで便利なのがラーメン屋だ。クオリティや入りやすさに差はあれど、小さな街でもだいたい一軒くらいはある。酒を飲まないおひとり様でも大丈夫。でもまだ問題が。それはスープの味。私は日本のラーメンの種類でおそらく一番多いであろう醤油味があまり好きではないのだ。担々麺を頂点に、塩、味噌、とんこつの順に好みで、醤油ラーメンはよっぽどでなければ食べない。

つい先日その「醤油」のはじまりの地として知られる和歌山県湯浅町の図書館を訪ねてきた。と言っても図書館ウォーカー旅の目的地にここを選んだのは偶然だ。この時、私は三重県側から紀伊半島をぐるりとまわって大阪の実家に帰る旅の途中だった。

しかしどうやら青森から冬将軍を連れてきてしまったらしい。青森在住の私も辟易するほどの寒風が吹きすさび、そのかわりに澄み切った晴れ空でJR紀勢本線車窓からの海の眺めがすばらしかった。だが冬の日の入りは早く気がつけば夕暮れが迫りはじめている。

御坊（ごぼう）市以北の自治体の図書館にはいくつか訪問候

町内を流れる広川の眺め

レストランとして生まれ変わった旧湯浅駅舎

補があったが、日没のタイミングと駅からのアクセスの関係で湯浅町立図書館をセレクトした。そう、ここは「駅図書館プレミアム」なのだ。読者の皆様には耳タコならぬ目タコかもだが念のためご説明しておくと、鉄道駅舎と一体化した図書館を指す自作の分類名だ。

図書館や駅が併設された「湯浅えき蔵」はカフェや観光交流センターなどもあり、館内には学生服を着た若者を中心に多くの利用者がいた。建物は外観も内装も醤油の蔵や樽を模したところが目立ち、さらにすぐ横には旧湯浅駅舎がリノベされレストランとして活躍中だ。

真っ暗になる前にささっと街を散策。住宅を含め昭和レトロな建物がほとんどで一見時間が止まった場所に見えるが、駅での乗降客も多くベッドタウンとしての役割を担っているとわかる。少し足を延ばせば海や保存地区になっている歴史的街並み、城の形の温泉などがあるようだ。今度はゆっくり歩いて、ご当地醤油ラーメンなどあったら食べてみたいな。

心が落ち着くレトロな街並み

交 JR紀勢本線湯浅駅併設
住 〒643-0004 和歌山県有田郡湯浅町湯浅1075-9 湯浅えき蔵2階
開 9時～21時
休 最終金曜、年末年始
近 広橋から見た海と川、cafe589

a library walker in CHUGOKU・SHIKOKU

中国・四国

浦安の図書館は山陰の地にも

琴浦町図書館（鳥取県）

浦安の図書館と言えば、公立図書館のロールモデルとして業界内では非常に有名な存在だ。そして浦安と言えば誰でも千葉県の浦安市を思い浮かべる。今書いたばかりの浦安も千葉県内のそれだ。ところが日本にはその千葉県浦安市内の図書館以外に少なくとももう一館「浦安の図書館」がある。鳥取県の琴浦町図書館だ。

青森県内の読者には同町の位置がいまいちよくわからない方もいらっしゃるだろう。鳥取県内自治体の位置を大まかに把握するために、まず3つの都市を拠点として認識しよう。東部にある県庁所在地の鳥取市、島根県との県境に位置する最西部の米子（よなご）市、そしてその真ん中辺りの倉吉市の3つだ。

琴浦町は米子と倉吉の間にある、県内中部西寄りの自治体だ。ある年の秋、別の目的があって同町を訪れたのだが、偶然浦安に行くことになった。私は俳優の火野正平さんが出演するテレビの旅番組「にっぽん縦断 こころ旅」が好きでよく観ている。同番組は時々過去の傑作回を「アーカイブ」として再放送してくれるのだが、その中に琴浦町の海辺の墓地を訪ねる回が。

その海辺の墓地とは、JR山陰本線の赤碕駅から北に徒歩十数分ほどの場所にある「花見潟墓地（はなみがたぼち）」だ。波の音を聴きながら火野さんが読者からの手紙を読み上げるラストシーンが記憶に残り、いつか行きたいと思っていた。

前もって立てたプランは鳥取駅から列車で赤碕駅に向かい、琴浦町図書館赤碕分館に寄りつつ墓地に行くコースで小一時間散策。また鉄道で鳥取まで戻るというものだった。ところがこの日は特急の遅延の都合で私が乗っている各駅停車も大幅に遅れ、赤碕で降りても時間がほとんどないと予想される事態

まなびタウンとうはくから見た海と街

ここもまた「浦安」なのです

に。咄嗟に車内で計画を立て直す。鳥取駅から見て赤碕の2つ手前の琴浦駅で降りて、駅すぐ横の琴浦町生涯学習センター「まなびタウンとうはく」内の琴浦町図書館を訪ねることにした。

同センターはなぜここにこんな建物が？と驚く5階建ての巨大なビルで、2階のほぼ全てを占める図書館もけっこう広い。街の規模を考えると充分すぎるほどに立派な館だと言えるだろう。

センターは線路のすぐ横に建っているため窓の外に走る列車が眺められる閲覧席もある。ひょっとしたら鉄道ファンも嬉しい図書館かもしれない。だがここのすばらしさは上層階からの日本海の眺め。特に歴史民俗資料館がある5階第1展示ホールの、窓の向こうに見える街並みと海が絶景だ。

アプリで調べると結局帰りの鳥取方面行き列車も遅れて来ることがわかり、さらに30分ほど待ち時間ができた。駅から徒歩10分ほどの海辺まで歩く。火野さんが見た海とは違ったが、希望通り琴浦町の海を眺められて満足した。

琴浦町に来たらぜひ赤碕の花見潟墓地もどうぞ（再訪時撮影）

交 JR山陰本線浦安駅から徒歩1分
住 〒689-2303 鳥取県東伯郡琴浦町徳万266-5
琴浦町生涯学習センターまなびタウンとうはく2階
開 火水木土9時30分～18時、金9時30分～19時30分、日祝9時30分～17時
休 月曜、第4水曜、年末年始
近 逢束（おおつか）あじさい公園、花見潟墓地（最寄りは赤碕駅）

益田市立図書館（島根県）

日本海側のことを「裏日本」と呼ばなくなってひさしい。コレクトネスに配慮した世界になったのか。または若い世代の地方移住者が増えてきてそうした表現に意味がなくなってきたのか。この言葉が闊歩していた時代から、私は日本海側の旅に強い思い入れを持っていた。その理由の一つは大学時代の思い出だ。母校は弘前市にある某大学。

長い休みに入り大阪に帰省する際、いつも使っていたのが特急白鳥だ。青森を早朝に出発し半日かけて大阪駅にたどり着くという長距離列車で、青森から大阪に帰る一番安価な手段として貧乏学生の助っ人でもあった。現在3セク運営になっている直江津〜敦賀間も当時はJRだったため、今からは考えられない長距離走行が可能だったのだ。JRから民間への移行や廃線後のバス転換については賛否両論あるが、遠距離移動の難易度が上がっていくことは避けられず、それは間違いなくデメリットだろう。

さて、大学時代の私が特急白鳥を利用するのは帰省時だけだった。ときおり車窓から見える日本海の眺めも、心躍らされつつもあっけなく通り過ぎていた。そのせいもあって日本海側を旅することに憧れのような感情が芽生えたのだと思う。いつかは途中下車してゆっくり訪れたいという気持ち。それは帰省を重ねるたびにふくらんだ。

そんな私も今は50歳を迎え、念願の日本海旅も数多く経験してきた。お気に入りの街はいくつもあるが、好感度が高いだけでなく訪ねた回数も多いのが山口県との県境に位置する島根県の益田市だ。思えば大学卒業直後に行ったはじめての日本海一人旅も、益田から鳥取県西端の米子までJR山陰本線に乗って島根県を横断するというものだった。

JR益田駅前は私のお気に入りのホテルが2つあ

り旅行者にはたいへん便利。だがイオンやファミレスが並び市民が日常を送る駅北側エリアはアクセスするには駅を出てから大きく迂回する必要があるので、とても遠い。地元の人の「日常の施設」である図書館は駅南側だが、地図では近そうに見えて歩いてけっこうかかる。最初行った時も確か「遠いな。いったいいつまで歩くんや」と感じた記憶が。

何度か図書館に行くうちに、途中のお気に入りスポットも見つけた。安くてうまい台湾料理店と、一本裏通りにある地元系スーパーだ。図書館は毎回行くわけではないが、前者はいつも食べに行く。昼も夜も、益田駅前から図書館前に至る長い道を何度も歩いてきたが、だんだん「我が街」みたいな親しみを感じるように。図書館リピート回数もここが1位な気がする。

館内は落ち着いた雰囲気でいつ行っても寛いだ利用者がいる。さざなみ状のアプローチの階段もキュートなファサードはじっくり見ると複雑で面白いデザイン。何気にこの建築も再訪の理由なんだよなあ。

駅前と図書館を結ぶ長い通り

日本を代表する清流の一つ、高津川

一つだけ言わせてください。山陰の海って青いんです

交 JR山陰本線益田駅から徒歩12分
住 〒698-0023 島根県益田市常盤町8-6
開 9時~19時（10月~5月）、9時~20時（6月~9月）
休 月末日、年末年始
近 キヌヤ益田ショッピングセンター、台湾料理明珠

ご当地グルメの聖地を訪ねて

津山市立図書館（岡山県）

ホルモンが好物になったのはいつ頃からだろう。もちろん体内で分泌されるアレではなく、牛や豚などの内臓のほうだ。

少年時代、親戚の家の留守番をしていて冷蔵庫から見つけた某ホルモン食品の思い出は強烈だ。小腹が空いたので食べたら、まずすぎてすぐに吐き出すことに。不幸な初ホルモン体験だ。その商品が実は焼いて食べるものだと知ったのはだいぶ後になってから。私は焼かずに口にしてしまったのだ。

そんな私も今ではすっかりホルモン大好きおじさん。単体でもいいがホルモンを使った料理も好物。その代表格と言ってもいいのが、主に中国地方で食べられているホルモンうどんやホルモン焼きそばではないだろうか。私は焼きそば系も大好物だから、最強コンボ。そのホルモンうどんの聖地が岡山県の津山市だ。ぷりぷりホルモンとむちむちうどんのコンビネーションは、まさにマリアージュ。

テレビで見るたびに涎が出てくるが、実は食べたこともなければ津山に行ったこともなかった。旅のきっかけはやはりグルメ。食べに行こうぜ。津山には、日本でも指折りのローカル鉄道路線として知られるJR姫新(きしん)線に乗って向かう。同線は西の新見から東の姫路まで、沿線がほぼ奥深い山中というロケーションだ。

夕暮れ少し前に着いた津山駅から北側の中心部へは、吉井川を渡る必要がある。落ち着いた城下町のような感じを想い描いていたら、橋を渡って向こうに見えるのは行き交う車が途切れないにぎやかな通り。そのギャップが効いたのか、開店時間を迎えた飲食店の面構えにも、心なしかよその街より活気を感じた。飲食店街を縫って歩くとアーケード商店街の入口が見えてくる。

アーケード商店街の突き当たりに
アルネの入口

巨大すぎて川越しでしか全体像が見えない
アルネ・津山

ぶらぶら進むと突き当たりに巨大な建物がある。ご当地百貨店の天満屋も入った複合施設アルネ・津山だ。弧を描く1階エスカレーターは建築ファンにはたまらないだろう。津山市立図書館はここの4階にある。建物自体が大きいためか、入口前の空間も館内も広々。津山城が眺められる一角もあって居心地が良い。

興味深い資料として、B'zコーナーを見つけた。ヴォーカルの稲葉浩志(こうし)さんがここ津山市出身だと知る。旅先のご当地有名人情報をはじめて知る楽しみは、図書館ウォーカー旅の醍醐味だ。3階の書店で市内の街並みを撮影した傑作写真集「津山　美しい建築の街」を購入。同じ建物に書店があるのも楽しいし、ご当地本購入もまた旅の楽しさの一つ。

暮れゆく夕空に染まる吉井川と、その向こうに見えるアルネ・津山を眺めながら駅へ。すっかり満足してしまって、間もなく発車の岡山行き列車に乗ってからふと思い出す。あれっホルモンうどんは？　何しに来たんや。今度はゆっくり訪ねたい。

かなりにぎやかなメインストリート

交 JR姫新線・津山線津山駅から徒歩12分
住 〒708-8520 岡山県津山市新魚町17 アルネ・津山4階
開 10時~19時
休 最終火曜、元日
近 津山ブックセンターアルネ店、津山銀天街

呉市倉橋図書館（広島県）

図書館ウォーカーという旅の楽しみ方の肝腎なところは「公共交通を使う」だ。車に乗る人にはその人なりの事情があることは承知しているが、こと図書館ウォーカー旅に限って言えば、自家用車で目的の図書館に直接乗りつけると楽しさが半減してしまうように思う。

と言うのも、地元の人と一緒にバスや列車に乗りその方たちが毎日眺めている景色を楽しんだり、バス停や駅から徒歩でてくてく図書館に向かう道すがら出合うあれこれこそがこの旅の醍醐味だからだ。ただ、いくら「過程を楽しみたい」とは言っても人の子なので、バスを何本も乗り継いで何時間もかかるとか、駅から徒歩で30分などという立地の館は訪問候補から外してしまいがち。

たった一つの図書館を訪ねるためたくさんの時間を消費したり、疲労困憊して旅そのものが楽しめなくなってしまっては本末転倒なのだ。私は長い旅の中で比較的行きやすい館をぶらぶらハシゴするのが好きだ。よっぽど行きたい条件を備えているのでもない限り、アクセスの厳しい図書館は避ける傾向にある。

ところがここに、その「よっぽど行きたい条件」をいくつも兼ね備えている図書館が現れた。呉市の倉橋図書館だ。市の本土側エリアのすぐ南に、倉橋島というとても大きな島がある。倉橋図書館はこの島の最南部に近い集落の中に建っている。この立地だから当然公共交通でのアクセスは厳しい。ＪＲ呉駅前からバスで1時間以上かかってしまう。

それでも行きたくなるのはなぜか。ここは面白い建築デザイン、施設内に温泉が併設、さらに館内から直接ではないものの海が見える。図書館ウォーカー的要チェックポイントが3つも揃った館なのだ。行くしかない！
長いバス旅でも、半分以上がシーサイドなので海の絶景が飽きさせない。海上自衛隊の潜水艦をバス停越しの間近に見たり、平清盛伝説で知られる音戸の瀬戸上に架けられた音戸大橋を渡ったり。ちなみに途中で通過する音戸図書館も、海と隔てるものが道一本だけの海が見える図書館だ。やがて島南部の山間の道を抜けるとすぐに倉橋の集落に到着。

図書館を訪ねる前にまずは松林の向こうの桂浜を見に行く。はかなく幻想的な、うっすらライトブルーの海の美しさにうっとり。この海に出合えただけでも良かった。

図書館があるのは温泉、市役所支所、レストランなどが併設された複合施設で、白い円筒状の建物が弧を描いて並び、空中デッキでつながっているという不思議なデザイン。少し高台にあるので敷地内から松林越しの海が見える。地元のおじさんたちと一緒に温泉に入った後は、湯上がり散歩がてらもう一度あの美しい浜を見に行ってみたのだった。

幻想的な桂浜の情景

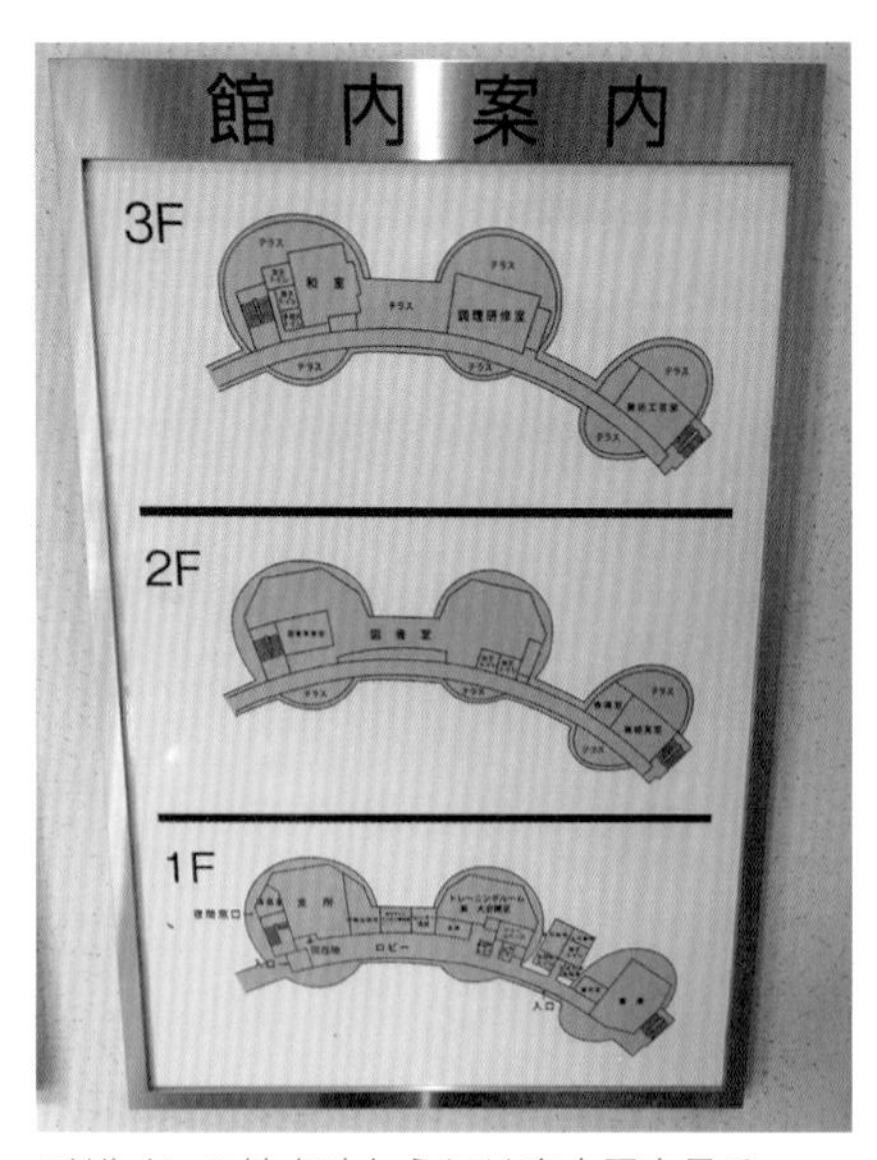

デザインの妙を味わうには案内図を見るのもオススメ

1時間以上のバス旅ではこんな絶景がたっぷり

交 広島電鉄バス呉倉橋島線桂浜・温泉館バス停から徒歩1分
住 〒737-1377 広島県呉市倉橋町字前宮の浦431 倉橋市民センター 2階
開 9時30分~18時
休 木曜、祝日、年末年始
近 天然温泉くらはし桂浜温泉館、桂浜

過熱報道では見えない街の姿を訪ねに

阿武町（あぶちょう）町民センター図書ルーム（山口県）

音楽ライターとして海外取材に行くと、調子が狂うことが一つある。「ミュージック・ジャーナリスト」と自己紹介せざるを得ないのだ。英語でライターと言っても通じない。私は自分が好きな音楽を日本に紹介しているだけで、ジャーナリズムなんてものとは無縁な人間。だからジャーナリストを名乗るのはいつも恥ずかしい。

　そんな私でも、偶然ジャーナリズム最前線の現場に居合わせてしまうことがある。例えば「文献調査」問題で全国的にその名が報道された北海道後志地方の寿都町（すっつ）では、こんなことがあった。同町を旅した日はこれ以上ない快晴で、道路の向こうに見える海の絶景を喜んで撮影しまくっていたら、横に小さなトラックが停まった。

　運転手はいかにも漁業関係者という感じの若者で「何を撮ってんすか」と訊いてくる。表情こそ笑顔だが、目が笑っていない。とっさに答えられないでいると彼は「朝からずっといますよね」と言う。私が着いたのは正午ごろなのでそれは別人だと返すと、今度こそ破顔一笑。すごくさわやかに「すみませんでした～」と言って去って行った。実際に取材陣が押し寄せた時期から少し経っていたのだが、寿都町民のみなさんは連日の取材にストレスを溜めているのだとよくわかる出来事だった。

　そんなわけで、旅の目的地がたまたま報道加熱地帯になってしまった時は申し訳なく感じてしまう。つい最近もそんな街の一つ山口県の阿武町に行くことになった。同町は給付金の誤送金問題で話題になった自治体だ。周囲を萩市に囲まれていて、東部に鉄道ファンおなじみの名所「惣郷川橋梁（そうごうがわ）」が、西部には温泉併設の道の駅がある。

　私が行った日はたまたまＪＲ山陰本線東萩～益田

これは何を作っているのかなあ？

鯉がいっぱいの郷川

間が整備のため時間限定の区間運休。東萩駅から代行バスで阿武町の中心駅奈古(なご)に向かうことに。これがまた棚ぼた的体験に。バスは鉄道だと離れている日本海すれすれの道を走るので、絶景だったのだ。ただしその日の昼頃に愛用のデジカメが故障し、撮影できなかったことだけは心残りだ。

　代行バスに乗っているのは私以外地元の中高生ばかり。バスが立ち寄る途中の駅で次々と降りていく。普段はここから通学しているんだなあと思いながらその姿を眺める。

　目的地の町民センターの外観はいかにも地方の街の文化施設といった感じ。オープンスペース形式の小さな図書コーナーには勉強や読書をする学生の先客がいて、町のサードプレイスとして機能しているとわかる。2024年1月に図書ルームと名を変えリニューアルオープンしたようだ。

　帰りは街を流れる郷川沿いを河口近くの道の駅に向かって歩く。鯉も泳ぐ澄んだ川だ。日の入り少し手前で、水平線に近づく夕日が水面を彩っていた。

日が沈みつつある日本海を目前に

交 JR山陰本線奈古駅または防長交通バス萩商工高校前～奈古駅前線奈古駅前バス停から徒歩7分、阿武町営バス全路線町民センター前から徒歩2分
住 〒759-3622 山口県阿武郡阿武町大字奈古3078-1 阿武町町民センター 1階
開 8時30分～17時15分
休 土日祝、年末年始
近 道の駅阿武町、奈古港と郷川の間の街並み

海陽町立宍喰（ししくい）図書館（徳島県）

取材する館をどうやって決めているのか、というのはよくいただくご質問。ちゃんと基準や選択方法があり、それらを真面目にお答えするわけだが、あまり言わないこともある。でもこの場を借りてもう言っちゃうぞ。

私は低所得ライターかつ車の免許を持たない交通弱者だ。移動には必ず公共交通を使う。なのでバスや鉄道をお得に乗り倒せるフリーきっぷの適用範囲だったりすると、沿線自治体の図書館に行こうかという気になる。お金の話で恐縮です。

数年前から目をつけていたのが四国の南東部、徳島市から室戸岬をまわり高知市に至る鉄道やバスを3日間自由に利用できる「四国みぎした55フリーきっぷ」。55は5千5百円というきっぷの料金を指す（現在は5千8百円）。沿線自治体は10を超えそのほぼすべてに図書館ないしは図書室が存在するが、今回はこのきっぷを使って訪問した中から徳島県最南館の海陽町立宍喰図書館をご紹介しよう。

同町には2つ図書館があり、もう1館は鉄道駅の阿波海南駅近くにある海南図書館。同駅の名前を出すと鉄道ファンはビビッとくるかも。そう、バスと鉄道の両方の形態で運行できるというデュアル・モード・ビークル（以下DMV）を世界に先駆けて公共交通として導入した、阿佐海岸鉄道のメイン駅なのだ。この時の四国旅では偶然会話した人にDMVの話題を振られることが多く、鉄道の低調に悩む四国内においては珍しく注目度の高い路線になっているようだ。私も阿波海南駅から宍喰駅まで乗ってみることにした。

自然豊かな土地を走る公共交通の一番のお楽しみは車窓風景。私が乗った区間でおすすめは海部（かいふ）駅を過ぎ大きく西側にカーブしてから左側に見える那佐湾と、高架上の宍喰駅ホームからの山々と田園風景。階段で下りて行くと、水槽内に暮らす立派な海老がお出迎え。海沿いに小さく展開する宍喰の街において、駅は突出して大きな建造物の一つだ。

地方の、それもかなり規模の小さな街を訪ねると「ここの人口でこれだけのものがあるなら文化的にとても豊かなのでは」と感じる館に時々出合う。宍喰図書館もそうだった。外観は和風だが、よく見ると屋根などのデザインが周囲の山々を模したものだろうことに気づく。駅から小学校のグラウンドを迂回する形で来た道の田園風景も良かった。

さてもう一つの目的は、海ぎわに建つホテルの温泉。街随一の巨大な建物だ。まずは浜のほうに出て海をたっぷり眺めてから入館。ぬるぬる系の泉質は私好みでその広さにもびっくりした。

宿は北にある牟岐町（むぎちょう）と接するあたり、大砂海岸横の民宿。偶然にも客は私一人だったが上品な老婦人がふるまう夕食がおいしくておいしくて。翌朝の海の眺めとともに、記憶に残る旅になった。

住宅と一体化？した宍喰祇園通りバス停

宍喰駅を出発する DMV

日の入りを迎えた大砂海岸

交 阿佐海岸鉄道阿佐東線宍喰駅から徒歩5分、徳島バス南部牟岐線宍喰祇園通りバス停から徒歩5分
住 〒775-0501 徳島県海部郡海陽町宍喰浦宍喰375
開 10時30分～18時
休 月曜、祝日、月末日（土日または休館日の場合は最終平日）、年末年始
近 ホテルリビエラししくいの温泉、民宿大砂

観音寺市立中央図書館

（香川県）

この自治体と言えばこれ、と判で捺したように同じ観光スポットが紹介され続ける事例に「おいおい、ここの図書館はどんなところなんだ、そっちもきちんと紹介せんかい」と反射的に感じてしまう。

どう考えても普通の人間の反応ではない。実際私はとても天邪鬼なひねくれ者だ。ただ私のような者から見た社会は「普通」や「定番」「流行」といったマジョリティ側にとても偏った構成になっていると声を大にして言っておきたい。

観光スポットのマンネリ化のみならず、メディア上における図書館もほとんど定番館しか目につかないし、言及する切り口もほとんどメソッド化されているとさえ言える。どのテレビ番組、ウェブサイト、雑誌を見ても同じ場所、同じお店、同じ図書館が紹介されている。それらの魅力は決して否定しないもののの、じゃあ他には何もないのか、と感じる私はそんなにおかしな人間だろうか。

香川県最西部に位置する観音寺市は、長らく「寛永通宝」の銭形砂絵がある琴弾公園が代表的な観光名所として知られていた。近年はＳＮＳによる写真や動画の投稿が盛んになり、より「映える」高屋神社本宮の知名度のほうが上回っているようだ。ここは山の上にある鳥居越しに街と瀬戸内海が一望できる絶景で有名。

私は神社も海の眺めも好きだからアクセス手段と充分な時間さえ整えば高屋神社を訪ねるのにやぶさかではないのだが、初訪問時くらい図書館を優先するのが図書館ウォーカーの心意気ってなもんだろう。

愛媛側、つまり西から観音寺市に電車でアクセスする時は車窓右側をお楽しみに。ギザギザの稜線を見せつけそびえ立つ石鎚山系がしばらく続くのだ。はじめて降り立つ観音寺駅は、改札外左手にあるキ

何だか妙にほっこりした亀たちの姿

豊富な品ぞろえのおみやげショップも魅力の観音寺駅

ヨスクのお土産特化店「おみやげどころ」が気になる。こちらでは後で、中国四国限定販売ドリンクや銭形砂絵をプリントしたせんべいを買った。

黄色と水色の三連二重アーチがあしらわれた駅舎を離れ、街を流れる一の谷川沿いの道を図書館に向かって歩いて行く。決して澄んだ水質ではないのに川には魚や亀がたくさんいて驚かされた。食料品店の下りたシャッターに書かれた「ギョーザピー」の文字（餃子の皮の意味らしい）や、飲み物以外にクリームサンド、数種のフライドポテトまで取り扱う自動販売機など道中にはちらほら面白スポットが。

市役所や商工会議所が建ち並ぶ一角にある図書館はブラインドふうのデザインが特徴的な外観。ボタンを押すと該当箇所がランプで光る、非常にレアな館内案内図がエントランスにあって楽しい。

駅に戻る道すがら、ブルーベリーが生る木々を見つけた。後で調べると市の名産品らしい。名所ではないかもしれないが、のんびり歩いてみればいくつか小さな出合いがある。ここもまたそんな街だった。

ブルーベリー見っけ！

交 JR予讃線観音寺駅から徒歩12分
住 〒768-8601 香川県観音寺市坂本町1-1-1
開 平日9時～18時、土日祝9時～17時
休 月曜、年末年始
近 観音寺市民会館ハイスタッフホール、フレッシュショップトマト観音寺本店

神の島には「海が見える図書館」が

今治市立大三島図書館

（愛媛県）

近年「しまなみ海道」は日本を代表する観光スポットの一つとなった。例えばこんなことが。渋谷のバーで偶然居合わせ、ノリで一緒に飲むことになったカリフォルニアのアニメーター2人との会話だ。

彼らはしまなみ海道を訪ねたことを話題にし「サイクリングは最高だった、気持ち良かったぜ」と満足そうだったが、実はその時点で私自身の唯一のしまなみ海道訪問はかなりの雨。しかも広島県の福山市からバスで半分ほど行っただけ。と正直に彼らに話したら「オウ、ソーリー」と申し訳ながっていたので、なんだか悪いことをした。とにもかくにも、外国人が日本の旅を満喫したい時に検討する選択肢の中に、しまなみ海道が含まれているのだ。

ある時の四国旅で、愛媛県の松山市から鉄道を使って徳島市まで移動する日があった。半世紀の人生の中で四国を訪ねたことが数えるほどしかないので、両市間のほぼ全てが未踏エリア。さてどこに行こうか。せっかく行くのなら途中どこかで図書館に寄れるとなお良い。

いろいろ調べていてこれはぜひ行きたいと思ったのが、しまなみ海道を含む芸予諸島内最大の島、大三島にある図書館だった。なぜ行きたいと思ったのかは、地図を見れば一目瞭然。海のすぐそばに建っていて「海が見える図書館」の可能性が限りなく高いのだ。確かめに行こう。

大三島は今治市に属する。図書館がある宮浦エリアはしまなみ海道があるのとは反対側の島の西なのでアクセスしにくそうに思えるが、今治市内から宮浦まで直通のバスがたくさん出ていて実際はかなり楽だ。松山からの直通バスもあるが本数が少ないので、今治駅前から宮浦港行きバスに乗った。駅は今治市の中心街からだいぶ離れているため待ち時間中に街歩きまではできなかったが、駅舎のデザインも興味深くて楽しく過ごせた。

この日は快晴で、島までの車窓風景は橋の架かる高所から瀬戸内海の多島美を望む絶景続き。だが起伏のある島内の山地の景色も良かった。やはり天気が良いと緑が映える。

図書館は市役所支所など公共施設が集まった海すぐ横の一角にあり、その中でも一番海に近い側に建っている。海に面した部分がガラス張りの半円筒状になっていて、内側の閲覧席から真正面に海が。青い海原の向こうに、広島県に属する大崎上島までくっきり見える。掛け値なしの絶景館！

小ぢんまりしたレトロな街並みを内陸側に少し歩くと、観光名所の大山祇（おおやまづみ）神社があり予想外のにぎわい。近くのオシャレなレストランで猪肉を使ったハンバーグカレーをいただいた。

今回は前回とは逆に四国側からしまなみ海道を進み、残る未踏ゾーンは大三島と生口島の間に架かる多々羅大橋のみとなった。次回はここを渡ろう。

地元スーパーの脇に参道入口

館内から見えるのとほぼ同じ角度の海

海も山も街も、のバス車窓風景

交 瀬戸内海交通バス急行・せとうちバス特急宮浦港行き宮浦港バス停から徒歩1分
住 〒794-1304 愛媛県今治市大三島町宮浦5713
開 10時～18時
休 月曜（第4以外。祝日の場合は翌日）、第3金曜、年末年始
近 大山祇神社、みやうら海の駅

オーテピア高知図書館

(高知県)

高知県高知市にあるオーテピア高知図書館(以下オーテピア)が、滋賀県の長浜市立長浜図書館とともに第38回日本図書館協会建築賞を受賞した。これまでの受賞館一覧を見ると、だいたい6割くらいの確率で2館同時受賞となっているようだ。

建築目的だけで訪ねても充分に楽しめそうなオーテピアだが、実はデザイン面よりも面白いトピックがある。全国的に見てほとんど例のない試みを実施している館なのだ。以下ご自分がお住まいの都道府県のことを思い起こしながらお読みいただきたい。

ほとんどの都道府県において、都道府県立図書館と県庁所在地の市立図書館は比較的離れた立地になっている。ところが例外もありその一つがオーテピアだ。ここは全国的に非常に珍しい県立と市立(高知市民図書館本館)の合築・共同運営なのだ。

元図書館員としての目線から正直に申し上げると、そういう方式を採ることのメリットがいまいち想像できない。だが訪問して見てみた限りにおいて、良い図書館に感じたし、利用者もほんとうにたくさんいて、喜んで使っているように見えた。ちなみに県立が県内自治体の図書館と一体化している例はもう一つある。それは長崎県立図書館と大村市立図書館が合体したミライon図書館だ。こちらは残念ながらまだ訪ねたことがない。

オーテピアを訪ねた時は高知県も高知市もはじめて。高架上のJR高知駅を出てからまず最初に感じたのが「自転車がすごく多いなあ」だった。市内はJRだけでなく路面電車やたくさんのバスも走っていて公共交通の利便性が非常に高いはずなのに、自転車に乗って移動する人がものすごく多い。宿泊した高知駅前のホテルでもレンタサイクル無料サービスがあり、私も自転車でオーテピア方面に向かった。

川が何本か東西に走っているので日没時は
こんな風景に

オーテピア横に「図書館通り」の文字が！

ひさしぶりに乗る自転車のガクガク感と道行く自転車の大群の圧力に翻弄されながら、高知市街地をちょこちょこ進む。日没少し手前で、街並みは夕暮れからどんどん夜の度合いを増していく。オーテピアは高知城すぐ横、この市の一番にぎやかな繁華街の真っ只中に建っていて、夜の街に輝くその巨大な姿はさながらもう一つの城のよう。街の観光的な目玉でもあるのか、すぐ近くの道路には「図書館通り」の名前がつけられていて、思わず「おおっ」と声をあげてしまった。

ここは正しくは複合施設で、5階にはプラネタリウムも備えた高知みらい科学館、1階にはバリアフリーな試みの数々も見られる高知声と点字の図書館がある。また図書館内では観光パンフもたくさん配布されていて、好感度爆上がりだ。

高知市にはもう一つ良い思い出が。図書館を出てから街をぶらつき、たまたま入ったラーメン屋の担々麺とニンニク炒飯が本当にうまかった。あの店に行くために高知市やオーテピア再訪もありだ。

高架上の高知駅も独特のデザイン

交（JR高知駅からの場合）とさでん交通路面電車蓮池町通電停から徒歩9分、
枡形行きの場合は大橋通電停から徒歩3分

住 〒780-0842 高知県高知市追手筋2-1-1

開 平日9時～20時、土日祝9時～18時（7,8月の土は20時まで）

休 月曜（祝日の場合は開館）、第3金曜（8月と祝日以外）、
8月11日を含む4日間、年末年始

近 製麺処蔵木、帯屋町商店街

四万十市立図書館（高知県）

ありがたいことに書籍「図書館ウォーカー」の第一作目を出版してからいくつもトーク出演のご依頼をいただいている。その中で何度か「図書館を訪問する時は街のこういうところを見ながら散策している」ということを、たくさんの写真をお見せしつつ具体的に説明する試みを行った。

その具体例の一つとして選んだのが、高知県西部にある四万十市だ。市の中心部は土佐くろしお鉄道中村線・宿毛(すくも)線の中村駅周辺だ。この路線名だと中村と宿毛の間を結ぶように思えるが、前者が窪川中村間、後者が中村宿毛間を指す。中村線内には海ぎわの高台を走るところがあり、短いながらもその絶景が楽しめるおすすめ路線。

さて鉄道を乗り継いで中村に着いた日、連日長い移動を重ねた私は疲弊しきっていた。その疲労をさらに重くしていたのが、翌日は大雨という天気予報。しかも全国で高知県だけが雨だというのだ。いかにも私は超がつくレベルの雨男だが、こんな仕打ちはひどいじゃないか。なぜなら市内絶景スポットの一つ三里沈下橋に行くため、週に3日しか走らない市営バスに乗るつもりだったからだ。

中村のホテルでは2泊することになっていた。沈下橋はあきらめ翌日は休養と執筆に充てることにする。充分に楽しむため旅先では執筆しないことにしているが、しょうがない。しかし大雨予想もふたを開けてみれば午前中は土砂降りだったが、昼前から霧雨めいた天気に変わった。先に触れた曜日限定バスは日に3本で、正午過ぎ発のものもある。

よし乗るぞ。やってきたのはマイクロバス。ご当地スーパー前のバス停で停まると、買い物を済ませた地元のおばあちゃんが数人乗り込み満員に。運転手さんも交えたみなさんの方言による会話はまさに日常そのもので、これに耳を傾けるのも公共交通を使った図書館ウォーカー旅の醍醐味だ。

雨の三里沈下橋はなかなかの風情だった。写真が映える晴天時には感じられないだろう静寂に包まれている。これもまたこの土地の日常の風景なのだ。終点で折り返して来た先ほどのバスに乗り「雨の沈下橋も良かった」と感想を伝えたら話が弾み、しばし運転手さんと歓談。運転免許を自主返納するお年寄りがとても多いらしく、先ほどのおばあさんたちも以前は車を運転できたのだと教えていただく。

市の中心部は元城下町の常で中村駅から徒歩20分ぐらいの離れた場所にあり、図書館は人工の高台上に建てられた市役所の2階。役所の一部とは思えない静けさと広さのある館だ。

街を散策しているとちらほらたこ焼き屋が目につく。ホテル近くにもあり、9個入りを頼むとすぐ食べたいなら6個でもいいかと訊かれる。「今いっぱい売れてしもうたんや。ごめんな」と言いつつニヤリと笑ったおっちゃんがかっこ良かった。

雨の三里沈下橋

第12回ブルネル賞を受賞した中村駅内の待合室

中村の街灯は空と足元を照らしてくれます

交 土佐くろしお鉄道中村線・宿毛線中村駅から徒歩18分。四万十市営バス有岡線・江ノ村森沢線または高知西南交通バス中村駅前～中村高校・江川崎・宿毛各線の市役所玄関前バス停目の前

住 〒787-8501 高知県四万十市中村大橋通4-10 四万十市役所2階

開 9時～19時

休 最終金曜、年末年始

近 物産館サンリバー四万十、中村駅舎

column 04 図書館に行くなら、ぜひ公共交通で

私の図書館ウォーカー旅の「足」は基本的に公共交通だ。これ、けっこう勘違いされているのだが、鉄道やバスのファンだからではなくて、私が運転免許を持っていないので他に移動手段がないからだ。ただ、もし自分が車を運転できたとしてもやはり公共交通を使って旅をするのでは、と思うくらいにはこだわっている気もする。図書館ウォーカー旅イコール公共交通の旅である理由をいくつか書いてみたい。

まず、私が「図書館ウォーカー」を書く上で心がけているのは再現性の高い旅、つまり「誰でも真似できる旅」にしようということだ。メディアの種類を問わず「旅もの」の多くは、行きたくても行けないあこがれの旅をつづっている。

事前の根回しがなければあり得ない出会いや取材目的でなければ本来入れてもらえないはずの場所、一般人にはとても手が出ないような高級ホテルにレストラン、タクシーをチャーターしたりガイドや通訳を雇ったりしないと不可能なプランなどなど。超人的な身体能力や不屈の精神を持った著者がチャレンジしたアドベンチャーな旅もそれにあたるかも。

自分にはないお金や体力、発想力などを持った人がかわりに行ってくれた旅の様子を見たり読んだりするのは確かに面白い。しかし図書館ウォーカーはそれではいけないのだ。

読みやすい旅エッセイの形を採っているのは、連載元が陸奥新報という地方紙のため多様な読者にお楽しみいただきたいからだが、その向こうに「図書館に興味がなかった人に、関心を持ってもらいたい。旅先や日常で訪ねて欲しい」という願いもある。「読んで面白いけど、真似はできんわー」と感じさせては意味がないのだ。というわけで図書館ウォーカーでつづった旅はすべて誰でも可能なものになっている。

私のように車が運転できない人や中学生、高校生でも公共交通を使ってとりあげた図書館に確実にアクセスできるし、「特別扱い」で取材させてもらったようなこともない。基本的に私は自分から地元の人に話しかけたりしないので、時々出てくる会話はほんとうに自然発生したものだ。また、読書家や愛書家である必要もない。

だから誰でも私がつづった旅を「再現」できるし、自分なりの偶然の出合いも楽しめると思う。同じようなや

り方でマイ・図書館ウォーカー旅をプランニングして実行するのもおすすめだ。

もっとも、日本が「車社会」なのも事実。交通安全白書によると16歳以上の人口に対する運転免許保有者数の割合は7割を超える。つまり社会は車が使えない人の目線では設計されていない。

車でのアクセスなら容易な街に公共交通で行こうとすると、逆に難易度が上がる場合もままある。旅に出る前に、図書館訪問や街歩きの時間を確保したり車窓風景に想いを馳せつつ、各路線の時刻表を調べてプランを少しずつ組み立てていく作業にはパズルを解くような楽しみがある。

また公共交通はその名の通りパブリックな空間だ。地元の人たちと一緒に列車に乗り、その人たちが毎日見ているだろう風景を見て、その土地の方言や訛り混じりの会話を聴いていると、旅先のコミュニティにほんの少しだけお邪魔させていただいたような気分になる。

駅やバス停など最寄りの公共交通スポットから図書館まで歩いていく過程も大事だ。基本的に図書館は住宅街の中など地元密着型の立地なので、徒歩のスピードでゆっくり移動すると、その街の「日常感」がより肌で感

じられるような気がするし、人との会話やご当地ならではの風物との出合いも生まれやすい。

最後に「楽しみ」とは別の視点から書いておきたい。旅先で「こんなに公共交通が不便な環境で、子どもたちはどんな日常を送っているんだろう」と感じることがとても多い。大人の立場から見れば「車あるからいいじゃん」で済むことが、子どもにとってはそうではない。

通学や隣町に遊びに行くための移動にいちいち親の送り迎えが必要な毎日は、もし私が当の子どもなら窮屈でたまらない。親と仲がいいか悪いかは関係ない。また親御さんが常に車を運転できる状況にあるとも限らない。

だから私は旅先で積極的に公共交通を使う。そうすることで少しでも利用実績が上がり「この街になくてはならない」という存在意義が増すからだ。これはまた図書館との共通点でもある。ともに子どもが育つ中で欠かせないもので、かつ「使われてなんぼ」なのだ。公共交通を利用した図書館ウォーカー旅は、旅先の子どもの住環境を守ることにつながると私は考えている。

というわけで、普段は車で旅しているみなさんも、プランのごく一部でもいいので、車を降りて公共交通に乗り、街を歩いて図書館を訪ねていただけると私も嬉しい。

今なお運休中のJR肥薩線車窓から見た球磨川（熊本県）

a library walker in KYUSHU・OKINAWA

九州・沖縄

北九州市立若松図書館

（福岡県）

図書館に行き、館内やデザインなどの様子から「ここはこの点で日本一かもしれない」などと内心小躍りして喜ぶことがよくある。もちろん日本中の公共図書館を全て訪ねたわけではないので、あくまで自分の経験と知識の範囲内で決めた私的認定だ。

最・東西南北や敷地面積などの、ほぼ脅かされることのない厳然たる日本一とは違い、単なる主観や思い込み、またはデータにとりようがない部分の比較に過ぎない。根拠薄弱、一人で悦に入るタイプのお楽しみ。しかし私は、そうした楽しさを半ば職権乱用的に本連載で書いてもいいことになっている。だから今回も堂々と妄想を書くぞ。

私は「海が見える図書館」をこよなく愛しており、できるなら日本のそれをコンプリート訪問したいと考えている。これまでたくさんの海が見える館を訪ねてきたが、館内から海が見える部分の面積の広さという点で今のところぶっちぎりの日本一は、北九州市の若松図書館だと思う。

海が見える図書館と一口に言っても、館内から直接眺められる館はそれほど多くない。もし直に見られても、ほとんどの場合が館内のごく一部に留まる。しかしこの若松図書館は、海から道を一本隔てただけの場所に建つ複合施設の3階にあり、遮るものがない。さらにその海、洞海湾に面した側には全てガラス窓が設けられているため、海側は全てオーシャンビューなのだ。図書館でもセールスポイントにしているようで、3階入口近くに大きく「ようこそ海が見わたせる若松図書館へ！」の文字が。

この複合施設「ベイサイドプラザ若松」にはご当地スーパーのサンリブ若松があり、高層マンションも上にくっついている。このマンションに住む人がうらやましい。否、うらやましすぎる。九州第二の

期待せざるを得ない

ベイサイドプラザ若松エントランス。
２階にも屋外展望デッキ

大都市圏、小倉エリアにもバスでのアクセスが容易だし、周りは昭和っぽい下町ムードを残しつつも必要なものはあらかた揃っている。

小倉や洞海湾の対岸に位置する戸畑地区とを行き来するバス路線は、地上40メートルを誇り国の重要文化財にも指定されている若戸大橋を渡り、車窓からは海と街の絶景。空に架かる橋の雄姿はJR鹿児島本線戸畑駅ホームからも望めた。

鹿児島本線折尾駅から分岐するJR筑豊本線若松線でのアクセスも捨てがたい。近年では数少ない盲腸線の一つで、終点若松駅のたった二線のみの行き止まりホームはなかなかの風情だ。列車が若松駅に差しかかる手前で右手に海が見えてくるのも旅情たっぷり。朝晩は学生や勤め人でにぎわうだろう小ぢんまりとしたロータリーもいい味。

このちまっとした駅前の生活感からたった徒歩5分で、図書館のあの海の大パノラマにつながる。わくわくしながら向かってください。

図書館１つ上の階にある屋上庭園から見た洞海湾

交 JR筑豊本線（若松線）若松駅から徒歩5分
西鉄バス71系統または北九州市営バス10系統若松駅前バス停から徒歩5分
住 〒808-0034 福岡県北九州市若松区本町3-11-1 ベイサイドプラザ若松3階
開 平日9時30分～19時、土日祝9時30分～18時
休 月曜（休日の場合は翌日)、月末日（日月祝の場合は次の日月祝以外の日)、年末年始
近 久岐の浜、火野葦平資料館（若松市民会館内）

太良町立大橋記念図書館（佐賀県）

日本に2つの「大橋記念図書館」があるのをご存じだろうか。1つは四国の香川県坂出市に。もう1つは佐賀県の太良町にある。ともに篤志家の大橋さんが何らかの寄付をすることで建設が実現したということで共通するが、この「大橋さん」はそれぞれ全くの別人だ。

有明海に面し、佐賀県最南の自治体である太良町のほうの大橋記念図書館は以前から気になっていた。地図やネットで調べる限り、ここは「海が見える図書館」の可能性が非常に高かったからだ。ただ情報が少なく、自治体や図書館自体も特に「海が見える」ことを謳ってはいない。つまり実際に行って確かめなくては。だってそれは、私のライフワークなのだから。

近年はJR各地の廃線が相次ぎ、どんどんシーサイド路線が消えつつある。本数も多く海との距離の近さという意味でも個人的におすすめなのが、JR北海道函館本線銭函～小樽築港間の車窓だ。本数はやや落ちるが九州の大村線小串郷～松原間もすばらしい。特に区間内にある千綿駅は、海のすぐ横に建つ駅として観光スポットにもなっている。

遠く佐賀県の鳥栖から分岐して有明海の西側沿岸を経由し、やがて長崎駅に至る長崎本線の眺めもなかなか捨てがたいものがある。ただし肥前鹿島駅以南の、海が見える区間内の本数が極端に少ない。太良町の中心部にある多良駅はまさにその区間内に位置し、大橋記念図書館の最寄り駅でもある。

最寄りとは言え1キロほど離れていて徒歩だと10分以上はかかる。数少ない列車に乗って多良駅に着いてみると、駅舎は小さいものの裏にはマンションがあり、すぐ近くを走る国道も交通量がけっこう多い。鉄道ダイヤから想像するようなわびしさがないのは、ほぼ並行するルートで路線バスも走っているから。双方を組み合わせれば意外とアクセスがしやすい街なのかも。

図書館への道を歩いていてちらほら目につくのが「月の引力が見える町」という標語。有明海の特徴である遠浅な地形が、潮位の干満差を可視化するためらしい。なるほど、本来なら川に浮いて係留されているはずの漁船が、干潮の訪問時は泥の地面に置かれている状態になっている。

この街ならではの情景を楽しんで歩いていると、明治建築ふうの建物がいくつか見えてきた。役場や公民館なのだが、なぜかエッフェル塔のミニチュアみたいなのもある。このエリアのいちばん海に近い場所にあるのが大橋記念図書館。入館したらとにかくまずは2階に上がって欲しい。窓一面に見えるぞ有明海の絶景が。

海の眺めに感動して立ち尽くす私を怪しむでもなく「こんにちは」と挨拶してくれた地元の少年少女たちにも、おじさんちょっと感動しちゃったぜ。

図書館内からも望める穏やかな有明海

これはエッフェル塔？

月の引力、見ました！

交 JR長崎本線多良駅から徒歩14分、祐徳バス太良線太良役場前から徒歩2分
住 〒849-1602 佐賀県藤津郡太良町大字多良1-17
開 8時30分～17時15分
休 月曜、第2・第4日曜、祝日、年末年始
近 大魚神社の海中鳥居、太良嶽（たらだけ）神社

雲仙市図書館（長崎県）

私の母は長崎県雲仙市生まれ。同市は耳や勾玉のような形をした島原半島のほぼ西半分を占め、北部は有明海に面する。南半分では西側に海があり、そのエリアの海は橘湾と呼ばれている。２００５年の周辺自治体合併で生まれた市だ。母からふるさとの思い出はよく聞いていたが、しばらくはお隣の島原市と勘違いしていた。話半分で聞き流していたのだろう。とんだ親不孝者だ。

雲仙市は雲仙岳や橘湾沿岸にある小浜温泉のイメージがとても強いが、一方で前述した有明海沿岸にあたる北部の情報はそれほど出回っていない。しかし本館にあたる雲仙市図書館はその北部エリアにあるのだ。地方の街を旅していると時々、中心部がどこにあるのかよくわからない自治体に出合うことがある。

地方都市の典型的なイメージと言えば、鉄道の大きな駅や多くの路線が発着するバスターミナルがあり、その周りに中心市街地があるというもの。雲仙市は例外の一つなのかもしれない。

先に書いたように、図書館は北部エリアにあたる島原鉄道多比良(たいら)駅の近くに建っている。多比良は有明海を挟んだ熊本県長洲町との間を結ぶフェリーの発着地でもある。しかし中心地につきものの施設、市役所はこの近辺にはない。雲仙市役所は多比良から島鉄でさらに西、かなり諫早市寄りの吾妻駅の近くにある。

私は島原半島を何度か訪ねたことがあるのだが、いずれも熊本側からフェリーで来て、雲仙市は島鉄に乗って通り過ぎるパターンばかりだった。たまには違うやり方をしてみよう。そう考え、ある時の九州旅では陸路で島原半島を訪ね、前述の多比良港からフェリーで熊本県に渡ることにした。

遠浅の海が作り出す情景

心がなごむ図書館への道

島鉄沿線内の有名駅と言えば海の絶景が望め、黄色いハンカチなどで彩りを添えたヴィジュアルが映える大三東（おおみさき）駅だろう。諫早から島鉄に乗ってまず同駅へ行く。天気は晴れで、ちんまりとした大三東駅ホームから穏やかな遠浅の有明海を眺める。一度降りてみたかった駅なので満足したが、ここはお隣の島原市内。列車で多比良まで戻ろう。

　多比良駅も海の至近にあるが、住宅街の中なので構内から海が見えるところを見つけられなかった。この駅を最寄りとする学校に、サッカーの古豪として有名な県立国見高校があるようだ。

　雲仙市図書館は田んぼと住宅の間を歩いて駅から10分ほどの場所にある。外観も館内もホワイトが基調、ガラス張りでとても現代的だ。昭和を感じさせる周囲の建物や街並みとのコントラストが面白い。

　多比良から長洲へのフェリーは遠足の帰りなのか中学生で満員。すし詰めの屋上デッキには行けず、通路側のデッキから海を見る。雲仙市との別離のBGMは、子どもたちの騒ぐ声だった。

フェリーでは中学生がカモメに大騒ぎ

交 島原鉄道多比良駅から徒歩15分、島鉄バス島原～多比良～諫早線国見塩屋バス停から徒歩12分、有明フェリー多比良港から徒歩15分
住 〒859-1311 長崎県雲仙市国見町土黒甲1079-1 国見町文化会館１階
開 金曜以外10時～18時、金曜12時～20時
休 月曜、月末日、5月連休後の3日間、年末年始
近 土黒川河口付近の街並み、多比良城跡

あこがれ図書館への旅は青森県につながる

天草市立御所浦図書館（熊本県）

長らくあこがれていた図書館にとうとう行ってきた。熊本県天草市の御所浦図書館だ。何年か前にネットで偶然その外観を見てびっくり仰天。建物の上にUFOみたいなものが乗っかっとるやん。「それ」の周りには窓がぐるりと設置されている。これはひょっとして「展望塔がある図書館」にあたるのでは？

さらに心躍らせたのが立地だ。御所浦島という島の海のすぐそばに建つ。「海が見える図書館」なのでは？　面白いデザイン、展望塔、海が見えるという図書館ウォーカー的高得点条件がここまで揃った図書館はなかなかない。行くしかないやん！

島に渡る航路はいくつかあるが今回は天草市中心部の本渡からのものを選んだ。小ぢんまりした本渡港ターミナルすぐ横に建つ本渡港タクシーの社屋が風格ある和風でかっこいい。航路の最初のほうは天草市の上島と下島の間の細い海路を進む。沿岸にある住宅街を眺め、その日常を想像するのも楽しい。

いよいよ御所浦港に到着というところで、島の集落の上に例のUFOが飛び出しているのが見え興奮する。ほんまにあるんやあ。島を歩きはじめて気づいたのは、海の美しい青さと、意外なほど子どもがたくさんいること。この日は日曜で、公園で子どもたちが楽しそうに遊んでいた。この離島の明るい未来を想って、心の中で「いいね！」を押した。

漁港を過ぎると、市役所支所と小学校の合間にUFOを乗せた図書館が見える。のどかな集落の中に当たり前のような顔をして建っていて、にやにやしてしまう。いったん前を通り過ぎ、猫や海を激写していると「写真撮っとるとですか」と散歩中のおばあさんに声をかけられ少し歓談。この時の旅では他にも熊本県内自治体を訪ねたが、総じて地元の方が人懐っこく、楽しい思い出がいくつもできた。

さてようやくあこがれの図書館に入館だ。入口を入るとＵＦＯに続く円筒部分が左手にあり、右側手前に事務室、奥が図書室。円筒には「関係者以外立入禁止」の貼り紙があり、どうやら今はＵＦＯ内部には行けないらしい。というわけで実際に行ってみると現状は「展望塔」ではなく、隣の建物や堤防の関係で海も入口から少し見えるだけだったが、外観だけでもここはとても楽しめる図書館だと思う。

小ぶりなフェリーは前方が定員40人ほどの乗客室になっているが、後方はトイレやベンチも設置し乗降口も兼ねた屋外デッキふう。その帰りの便でベンチに腰かけていると乗組員さんに話しかけられた。青森から来たと言うと「えっ、実は親しい友達が弘前市でカフェをやってるんですよ」と教えてもらう。

後日訪ねたそのお店「うちごはんカフェトレス」の無添加無農薬食材ばかりの定食がすばらしくおいしく、一瞬でファンに。遠い天草の離島と青森県がつながる不思議なご縁をいただき、単なる「あこがれていた館を訪ねた」の何倍も感慨深い旅になった。

どんどん増えていく猫ちゃんたち

のんびりした島の風景に溶け込むUFO

海の美しさもたっぷり楽しんで！

交 本渡港または棚底港（天草市）、大道港（上天草市）、水俣港（水俣市）からフェリーで御所浦港へ。港から徒歩6分

住 〒866-0313 熊本県天草市御所浦町御所浦3525-2

開 9時～17時

休 月曜（祝日の場合は翌日）、年末年始

近 天草市立御所浦恐竜の島博物館、御所浦物産館しおさい館

水俣市立図書館（熊本県）

過去にネガティヴな出来事があった土地には妙に行ってみたくなる。野次馬根性ではなく、そんな街にも当然穏やかな日常があるはずで、それを感じに行きたいのだ。もちろんそれでも「興味本位ののぞき見か」と怒られるかもしれないが。

私は過去に何度も肥薩おれんじ鉄道に乗っている。熊本県の八代駅と鹿児島県の川内駅を結び、海のきわきわを走る区間が多く海好きの私にとってお気に入りの絶景公共交通路線だ。南北それぞれの起点である八代市や薩摩川内市も未訪問だし、沿線にはまだまだ散策したい街が目白押し。中でも、いつも「次こそは」と強く思いつつ列車内から見送る街があった。熊本県の水俣市だ。

同市はかつての大公害、水俣病で広く知られた。公害は往々にして重い後遺症を生むため、過去の話と言うより現在進行形で苦しめられている人がいると表現すべきかもしれない。そんな街にも、もちろん今があり未来がある。通学時間帯に肥薩おれんじ鉄道に乗っていると、中心駅の水俣駅で高校生らしき制服を着た若者たちが大量に下りていく。

この子たちはここで学んで育っていくんだなあと思いを馳せる。うち何人が大人になっても水俣に留まるのかはわからないが、少なくとも何年かは、これだけたくさんの少年少女がこの街に通い毎日を過ごすのだ。

おれんじ鉄道のレールは水俣市付近でいったん海ぎわを離れる。ただ鹿児島県の出水市との間を結ぶバスにはシーサイドを走る路線があったので、まずそちらで水俣入り。市立図書館は水俣駅から少し離れており、水俣での途中下車を見送る理由の一つがそれだった。バスでまず図書館の近くまで行き、その後駅までの道をぶらぶら街歩きするプランにして

デザインがイケてる公営住宅

なぜか萌えちゃうトンガリ

みた。

バスを下りてからすぐに感じたのが、分かれ道が複雑な街だなということ。細い道がいろんな方向に枝分かれしていて、スマホのグーグルマップとにらめっこしながら図書館までの道のりを探すのがとても面白かった。

たどり着いた図書館は古いかわりに風格に満ち、全体にあしらわれたレンガタイルと、まるでデッキのある立体駅前ロータリーのような2階公民館への外階段が楽しい建物。細い道の向かいには同じくレンガタイル貼りのレトロ風味なレストランがあり、館のすぐ裏にある団地のしゃれた造形にも萌えた。

駅に向かって街を歩いているとご当地ショッピングモールの裏に歌手の村下孝蔵作の歌詞を載せた石碑が。彼は水俣出身らしい。水俣駅舎は外観は古めだが中は今ふう。青空を反射するピカピカの白い床が印象的だ。配布しているパンフやあちこちに飾られたイラストで漫画家の江口寿史も出身者と知る。こんな時の「へえ、そうなんだ」がまた楽しい。

外観とのギャップもいい水俣駅舎

交 肥薩おれんじ鉄道水俣駅から徒歩20分
みなくるバス全路線・産交バス系統番号1 ～ 3JAみなまた支所前から徒歩2分、
または南国交通バス水俣市経由全路線水俣車庫バス停から徒歩4分
住 〒867-0065 熊本県水俣市浜町2-10-26
開 火～金9時～19時、土日祝9時～17時
休 月曜（祝日の場合は翌日）、第4木曜、年末年始
近 M's City、水俣駅舎

杵築（きつき）市立図書館本館（大分県）

我が青森県の弘前市もそうだが、かつて城下町だった歴史を持つ自治体の多くが、メインの鉄道駅から遠い位置に中心部がある。

私は鉄道を研究しているわけでも熱心なファンでもないので、このパターンにどんな理由があるのかよくわからない。城下町は入り組んだ細い道が複雑に張り巡らされていることがほとんどなので、そこにまっすぐレールを敷くのが困難だったのかもしれない。

そんな旧城下町の中には、何もここまで駅と距離を置かなくたってと思うような立地の街もある。杵築もまさにそんな街なのだ。市のメイン鉄道駅、JR日豊本線の杵築駅は同線が内陸部に入り込んだ場所に位置し、八坂川の河口部にある杵築城の周囲に展開する市中心部からは4キロ以上離れていて、完全に徒歩圏外。

同駅から街への路線バスはもちろん出ているものの、大分市側から中心部に直接つながるバスもかなりの本数出ているのでそちらでのアクセスが無難だろう。私もそうした。

とは言え、私の場合は国東（くにさき）市にある大分空港に行くのが目的で、そのルート上に杵築市があったから寄ったにすぎない。街のこともかつて旅した九州のどこかで目にした観光パンフで「坂が有名」だと知っていた程度。

ただ、図書館も坂の上にある街の中に建っていることは実際に行くまで知らなかった。八坂川左岸のバス停で降りると、すぐ目の前に長い長い坂道が見える。地図アプリによるとここを上らなければならないようだ。バスから一緒に降りた地元の方らしき年配の女性が私の前をゆっくりと上っていく。きっとこの上にお住まいなのだろう。大変だ。

坂の途上にはいくつも寺が建ち、上りきると左手に瓦屋根の教会の姿も。街の佇まいはさながら江戸時代に迷い込んだよう。面白かったのは、街のあちこちに立つ木製灯籠の火袋の部分にガラス戸が設けられ、その中に観光客用の街歩きマップが入れられていたこと。

図書館も街並みに調和した和風デザインで裏には美しい竹林もある。前に立った時ちょうど雪まじりの強風が吹いていてなんだか風情があった。館内は、近年の公共図書館の良いアイディアを集約させた工夫の数々が見て取れ、坂を上ってくるのはきついが、通う価値が充分にある館だと感じた。市民がうらやましいぞ。

角度が垂直であるかのように錯視する酢屋の坂をはじめとした坂の数々、昭和ムードたっぷりのバスターミナルなど見どころいっぱい。空港行きのついでなんてもったいない。情報がしっかり盛り込まれた観光用マップを片手に、次はゆっくりと散策したい街だった。

図書館裏の駐車場から見た杵築市街地。

酢屋の坂から見た塩屋の坂

カブトガニは杵築の名物なのです

交 JR杵築駅前～大分交通バス杵築バスターミナル行きまたはJR中山香駅前～杵築市コミュニティバス市内循環左回り線杵築商工会前バス停から徒歩5分
大分、別府方面～大分交通バス国東行き錦江橋北詰バス停から徒歩10分

住 〒873-0002 大分県杵築市大字南杵築268-1

開 平日10時～18時、土日祝9時～17時

休 火曜日、祝日（5月・11月以外）、年末年始

近 杵築城、杵築ふるさと産業館

日田(ひた)市立淡窓(たんそう)図書館（大分県）

大分県日田市は長らく温泉の街として知られていたが、近年のトピックは何と言っても漫画「進撃の巨人」だろう。作者の諫山創(いさやまはじめ)さんは同市出身なのだ。私はクリエイターの人間性や個人史にあまり興味がないので、諫山さんについてよくは知らない。しかしネットなどでチラ見した限りでは、日田市で過ごした少年時代は彼にとってあまり幸福なものではなかったようだ。

私が訪ねた2019年冬の時点では、諫山さんと同市の関わりを推す様子は全くなかったと思う。つまり、ただ温泉の名地としての日田の街がそこにあった。とは言え青森市や別府のように街の至るところが温泉というわけではない。温泉街はJR日田駅から南に1キロくらい離れたエリアに集中している。日田は水戸岡鋭治さんが手がけたレトロモダンなデザインの駅舎で、最近は2階にカフェやゲストハウスもオープンしたそう。駅前はパチンコ屋やスーパーのネオンがにぎやかだ。あまり予備知識もなく駅から降り立った私は、ひっそりとした温泉街を想い描いていたので、虚を突かれた。

日田温泉の特色の一つは川沿いに温泉街があること。玖珠(くす)川と大山川が合流してできる三隈川だ。しかも温泉街の目と鼻の先で三隈川はいったん三つに分かれる。水の絶景だ。ということはつまり日田温泉の宿は宿泊費が高いということを意味する。眺めの良さは付加価値になる。私のような低所得者層には雲の上の体験か、と諦めていた。

しかしちゃんと探すと、安価で泊まれる全室リバービューの温泉旅館が見つかった。安いのは何か事情があるんだろうと覚悟していたが、大変立派な宿で早朝には川面を染める朝焼けも楽しめた。温泉

駅北側の街歩きで出合った趣きある公園

宿の部屋から見た三隈川の夜明け

街は駅から距離があるためか、事前の想像通りの落ち着いた街並みだ。スナックが集まる昭和感満載の雑居ビルなどもあった。

日田市の図書館は、この温泉街から見ると日田駅をはさんで反対の北側エリアに建っていて、地区の名前をとって淡窓図書館と名付けられている。駅の北側は官公庁街という感じで、建物間の空間も駅南部より広めにとってある。心なしか南側の街並みよりも空が大きく感じる。

図書館は和モダンとでも言えばいいのか、切妻屋根で外壁のほぼ全体が薄墨色で彩られている。入館すると2階に上がる階段が大蛇のようにぐにゃりと曲がっていて目を引く。嬉しかったのは、県内各地の公共図書館の利用案内を無料配布しているコーナー。利用案内は一種のパンフなので、私のような図書館ウォーカーには楽しい読みものなのだ。

北西に10分ほど歩けば豆田町がある。レトロかわいいと評判だがここは、江戸時代に天領として栄えた歴史を伝える日田の誇り。ぜひ訪ねて欲しい。

パリパリ食感が特徴の日田焼きそば

交 JR久大本線日田駅から徒歩15分
日田バス小鹿田線・ひたはしりBまたはCコース警察署前バス停から徒歩2分

住 〒877-0003 大分県日田市上城内町1-72

開 火～土9時～19時、日祝9時～18時

休 月曜（祝日の場合は翌平日）、第４木曜（祝日の場合は翌平日）、年末年始

近 日田バスターミナル、亀山公園周辺の水辺

串間市立図書館（宮崎県）

何度か取材でポーランドに行った。この国はポーランド語でポルスカという。平原の国のような意味だ。その名の通り非常に起伏が少ない地形で、電車から車窓風景を眺めていると北海道のような平地がひたすら続く。

　広大な平野の中にぽつぽつと小さな集落が見えるのだが、感動するのはそのいずれにも大なり小なり教会が建っていること。9割近くがカトリック教徒だそうなので、当然と言えば当然だが「こんなところにもあるんだなあ」という感じは図書館と似ている気がする。その街の「毎日」に欠かせない普段使いの施設なのだ。

　ただ、そうやって遠くから眺めた図書館なり教会なりが旅人にとってアクセスしやすいかどうかは話が別で、実際公共交通を使った場合かなり行くのが難しいところもある。私にとって、宮崎県の最南端自治体串間市の図書館はまさにそういうイメージだった。というのも、市の外と行き来する手段が本数の少ないＪＲ日南線以外にないからだ。

　正確には、水曜と金曜限定で中心部から「芋を洗う猿」が有名な幸島（こうじま）の対岸に行く市営コミュニティバスが出ていて、そこからさらに北の日南市に宮崎交通バスでつながる。しかしＪＲ以外に公共交通で市外に出る手段はそれだけだ。また、いったん市内で降りると次の便まで長い待ち時間が発生する。私が行った時も次の便まで3時間近くあった。

　まずは市営バスで都井（とい）岬へ。野生の馬が草を食む音はバキバキッと想像以上に逞しい。快晴の海をバックに、滞在時間15分ほどの短い撮影大会を楽しんだ。帰りは串間駅一つ手前のバス停で降りて、念願の市立図書館。周囲は住宅と田園だけで空が広く感じる。文化会館や公民館と並んで建っていた。

いかにも公共施設然とした外観だが、館内は天井が高く採光も良く、展示の展開も含め温かみが感じられる。私の前にお母さんの車から降りて駆け足で入館した男の子がいて、彼にとってここは楽しい場所なのだろうなと思うと嬉しくなった。

私も駆け足で館内を散策した後、急いで串間駅前バス停へ。循環バスに乗って市内南部を流れる善田川河口部分に行き、川沿いを上流側に歩いて福島今町駅に行くのだ。目当てのバスが来ると運転手さんが何か言いたげ。訊けば「都井岬行きじゃないよ」。この路線は旅行者は滅多に乗らないからとガハハ笑い。そんな路線にあえて乗るのが楽しい。

訪問当時は、2022年9月の台風の影響で福島今町駅からお隣鹿児島県の志布志駅までまだ区間運休だった。地元の女性と二人で代行バスに乗る。志布志駅に着くと、運転手さんが突然「今日は絶対いいことがありますよ」と言う。はじめて一度も信号に引っかからなかったとのこと。3人で笑いながらこの時間こそ「いいこと」だなあと思った。

図書館に向かってのんびり散歩

定番の都井岬

福島今町駅近くの善田川の眺め

交 JR日南線串間駅から徒歩10分
住 〒888-0001 宮崎県串間市大字西方6524-58
開 10時～18時
休 月曜（祝日の場合は翌日）、年末年始
近 都井岬、福島港

鹿児島市 桜島公民館図書室（鹿児島県）

新潟県の燕市立分水図書館を紹介した際（前作「図書館ウォーカー　旅のついでに図書館へ」を参照ください）、かつて私は女性の「美人」とか「かわいい」とかがわからず、花にも全く良さを感じないという歪んだ感性の少年だったと書いた。その時は触れなかったが、ついでに書くと少年時代は花火や動物に対しても心を動かされることがなかった。書いていて大丈夫かコイツと自分で思う。

最近はさすがに、美女と言われる人は目が大きいんだなくらいはわかるようになってきたし、花や動物にはけっこう心揺さぶられることも多い。中でも猫はヤバい。とにかくかわいい。旅先で見かけると激写する。写真家の岩合光昭さんを真似て「かわいいね」と言いながらにじり寄っていく。

というわけで、旅の最中に出会った猫で忘れられない一匹を紹介したい。鹿児島市に泊まった翌日、乗る予定になっている高速バスまでだいぶ時間が空いたので桜島に渡ってみることにした。実際に渡るという目線からこの島を見たことがなかったので知らなかったが、フェリーは24時間運行で着くまでたったの15分、運賃も200円という究極のお手軽公共交通だった。こんなに便利ならこれまで鹿児島市に来た時も渡っておくんだったぜ、と思った。

桜島内には鹿児島市に属する2つの公民館図書室がある。そのうち桜島公民館図書室はフェリーターミナルから徒歩10分以内に着く場所で、気軽に行けるロケーション。宮殿風デザインのフェリーに乗りいざ桜島へ。たった15分なのに島に近づくにつれみるみる風が強くなる。この日の桜島は機嫌が良く、噴火口から噴煙がそよとも出ていなかった。

フェリーターミナルからぶらぶら歩いていると、ジャージ姿の少年少女が走って私を追い越していく。

晴れてたらさぞや絶景だろう足湯

坂の途中で振り返ると海が

体育の授業の長距離走のようだ。ゴールが公民館もある高台上に設定されているのか、上り坂で生徒たちの走りが苦し気なものに変わる。がんばれ！

公民館図書室は1階にあり狭いスペースに資料がぎっしり。ご当地ものとしては、毎日の降灰量を記録した新聞記事のスクラップブックが面白かった。

海側に下り、足湯も備えた溶岩なぎさ公園で海を眺めていると猫が駆け寄ってきて体を擦りつけ、にゃんにゃん鳴く。しかもじっと見つめてくる。ぐおお、かわいい。これが人間でもここまで甘えモードに振り切られるとヤバいよなと思ったり。しかしこの猫、厄介な点も。

どこまでも猛ダッシュでついてくるのだ。途中で会話したアサリ採りの女性も「走ってくるから犬かと思った」と驚く追走ぶり。さらに途中でしれっと系の猫も合流し、ツンデレ双方の魅力を振りまきつつ私をずっと追いかけてくる。何とか途中で気を逸らして逃げてきた。モテる人間は罪だぜ。

この直後いきなりデレてくる猫ちゃん

交 桜島港フェリーターミナルから徒歩６分
住 〒891-1419 鹿児島県鹿児島市桜島横山町1722-17
開 平日（火曜以外）9時～19時、火土日祝9時～18時
休 年末年始
近 桜島溶岩なぎさ公園、月讀（つきよみ）神社

日置（ひおき）市立中央図書館（鹿児島県）

伊集院という単語は何だか高貴なイメージを喚起する。

ラジオパーソナリティーとしても有名な伊集院光さんはテレビ出演がなかった頃、番組の女性視聴者にイケメンだと誤解されていたという話を耳にしたことがある。本人が何かのテレビ番組でネタとして披露していたと記憶する。

彼の場合は卓越したトークスキルと美声もその誤解を後押しした。とは言え名字の印象も大きかったのだろう。ちなみに芸名です。直木賞作家伊集院静の存在も効いている。彼も本名ではなく筆名だが、とにもかくにもこの伊集院という単語には少し「雲の上」的なイメージがついてまわっているような気がする。

ならば気になる。伊集院という鉄道駅があることが。同駅はJR鹿児島本線のうち川内駅と鹿児島中央駅を結ぶ区間内にあり、自治体としては日置市になる。伊集院駅の近くには日置市役所もあり、いちおう同市のメイン駅ということになっている。人口60万の大都市鹿児島から直通電車で約20分弱の距離で、典型的ベッドタウンだ。

持論だが、住むなら鹿児島市より日置のような郊外自治体のほうが良いように思う。都会の便利さも地方都市のゆったりした空気も兼ね備えているからだ。実際、伊集院駅の周辺の街並みはほんとうにのんびりしたムードで人通りも車の通行量も少ない。

ただし電車の乗客数は乗降ともにけっこう多い。鉄道利用者の多さゆえか駅舎も立派で、角張ったシャープなデザインと黒い外壁が印象的だった。鉄道駅を数多く手がけている株式会社交建設計が設計している。

南口ロータリー横の日置市観光案内所に入ると、

中にいた女性が「こんにちは。案内所と言っても案内できるような名所はないんですけど」といきなり笑いをとってきた。と言いつつ、彼女は親切に市内の観光スポットについて説明してくださった。ご説明を聴いて焼物が有名な美山地区、日本三大砂丘の一つ吹上浜があることを知る。次の目的地枕崎行きのバスに乗らなくてはいけないのでそれらを訪ねる時間がなかったのだが、観光案内所での一幕が微笑ましくまた来ようという気にさせられた。

伊集院駅の南側は山々に囲まれ坂の多い街並み。バスが南口から出るため駅北側は行かなかったのだが、地図アプリで見ると南側よりもう少し平地が開けているようだ。ゆるやかな坂道を上りつつ駅から10分ほど歩くと、日置市立中央図書館がある。建物を囲む生垣や木々、入口前にたくさん置かれたプランターに咲く花々がお出迎え。

植物の合間に伸びるポルチコふう柱の数々、なぜか入口だけ斜めに飛び出した設計なども特徴的だ。また一つ愛すべき館を知った。

赤ん坊の頭ほどの柑橘類

ベッドタウンの拠点、伊集院駅

街のあちこちに灯籠が立っています

交 JR鹿児島本線伊集院駅南口から徒歩７分
住 〒899-2501 鹿児島県日置市伊集院町下谷口1858
開 9時~19時
休 木曜、第3火曜、年末年始
近 日置市観光案内所、徳重橋

糸満（いとまん）市立中央図書館（沖縄県）

私が海好きなため、ついつい海沿いの街の図書館を重点的に紹介してしまう。たまには山の絶景がらみの館でも紹介したいところ。しかしその場合一つだけ問題がある。

基本的に図書館は周辺に住んでいる人が普段使いするための施設なので、人里離れた山の中には建っていない。美しく雄大な山の眺めや自然だらけの環境を楽しめる図書館を探すのは、海が見える図書館を見つけるよりもはるかに困難なのだ。

なのでちょっと設定をひねってみよう。山と言えば斜面、つまり坂だ。なぜかきつい坂の上に建てられた図書館というテーマなら、これまでの旅の中からいくつかご紹介できそうな気はする。「坂図書館」とでも言おうか。

軽く数館挙げてみよう。宮城県の気仙沼市図書館や秋田県の北秋田市阿仁（あに）公民館図書室、三重県の名張市立図書館に鹿児島県の志布志市立図書館本館などは厳しい坂が待ち受けている坂図書館として記憶に残っている。

振り返ってみれば、図書館に至る坂をけっこう上っている。毎回ひいひい言いながら坂を進んでいるし、なんでこんな場所に建てたのかと疑問を感じはするのだが、不思議と嫌な思い出にはならない。むしろ思い返すとつい笑ってしまう。

今回ご紹介する糸満市立中央図書館もそんな館の一つ。同市は沖縄本島最南の自治体でひめゆりの塔や平和祈念公園など、第二次大戦がらみの名所でも知られる。路線バスではインバウンド観光客がそれらの最寄りバス停で下りていく。旅先の歴史を知ろうという気持ちが嬉しい。

ひめゆりの塔などの観光名所は市南部に位置するが、中央図書館は中部の、西側に海がひらけた地区

バテた頃にきれいな蝶がはげましに来てくれました

坂の先が見えんのだが

に建っている。どちらかと言うと繁華街ではなくやや街はずれの住宅街にあたるエリアだ。

長い坂の入口に、図書館へはこの道をまっすぐ進むのだという標識があり、げっ坂の上にあるのかと一瞬気後れ。季節はまだ晩春だったが、快晴で気温もすでに30度近くまで上がっていた。坂の傾斜が本格的になる前に開館日が表示されたカレンダーが立てかけてあり、上る前に確認できて良いサービスだなと思った。

坂は入口から見たよりも長かった。立ち止まって息を整えていると、きれいな蝶が近づいてくる。その姿に力を得て、また進む。しばらく上ってから振り返ると坂の下の街の向こうに海が見えた。遠目でも沖縄の海は色が違うなあと再認識。頑張って上りきると一対のシーサーがお出迎えしてくれた。

バスの都合でたまたま開館時間後すぐの訪問になったのだが、もう利用者の姿がちらほら。窓から小さく海も見える。決してアクセスしやすいとは言えないここにも、こんな毎日がある。

川に見えますがここは海です

交 那覇バス446番線糸満営業所バス停または琉球バス82番線真栄里入口バス停から徒歩10分
住 〒901-0362 沖縄県糸満市真栄里1448
開 10時~19時
休 月曜、祝日、慰霊の日（6月23日）、年末年始
近 南浜公園、ぷちぷちビーチ

雨でも休館日でも楽しめる旅がある

うるま市立石川図書館（沖縄県）

本連載の名物の一つに「旅先で図書館行ったら閉まってた」シリーズがある。私としては図書館が主役ではなく、あくまでたどり着くまでの過程を面白おかしく書く旅エッセイのつもり。訪ねてみたらたまたま休館日であっても全然かまわない。

登山と同じで過程が大事。山頂についてのみつづった登山紀行が存在しないのと理屈は一緒だ。前に立ってみたら休館だとわかったものの、充実した印象しか残っていない旅がけっこうたくさんある。今回もそのうちの一つをご紹介したい。

沖縄本島の地図を見ていてその断トツの大きさに目が行くのは、最北自治体の国頭村（くにがみそん）やまるで関所のように北部地域に立ちはだかる名護市。だが海に面している部分の直線距離という意味では中ほど東側に位置するうるま市もなかなかのものだ。南東に向けて勝連半島が突き出しているうえ、大きめの島が8つもある。

市立図書館は3つあり、南北にバランスよく散らばった立地になっている。北部にある石川図書館は以前から注目していた。海のほど近くに建っているからだ。この原稿の執筆時点で沖縄の訪問経験は一度しかなかったが、その初訪問時は「次いつ来られるかわからないから」と気になっている図書館訪問をむりやり詰め込むタイトなプランになった。選ばれた館の一つが、石川図書館だった。

那覇市から石川エリアへは乗り換えなしの路線バスがある。時刻表上は1時間半くらいで着くことになっているが、自動車とバスが細い本島内にひしめき合うことによる渋滞が慢性化しているので、2時間くらいかかるかもしれない。

私が石川を訪ねた時は小雨が降っていた。沖縄の街並みの特徴の一つが、白いコンクリート造りの建物が並んでいること。おそらく夏の暑さや陽射しの強さを緩和するためのものなのだろうが、雨の日は壁が汚れているように見え、ちょっと物悲しい風景になる。だがそれもまた沖縄旅の味だ。

　石川の中心部にあるバス停で降り、ヤギ肉料理が食べられるというお店でランチにするべく住宅街の中を歩いていく。沖縄は街なかでも植物の存在感がすごい。建物部分を食い破るかのような感じで道路に突き出ていることも。ところどころに古民家ふうの住宅も見つかって、旅情が刺激された。

　ランチ後、図書館近くの砂浜を見に行くも雨風が強まり早々に退散。ただ、そんな荒天の中でも海のライトブルーの澄んだ美しさは心に残った。図書館にたどり着くと出たっ、休館日。

　しかし複合施設のため2階の歴史民俗資料館は開いていた。企画展の充実ぶりがすばらしくて、楽しい雨宿りに。ヤギ肉料理はおいしく、街歩きではサファイア色の瞳の美猫に会い、図書館訪問の目的は果たせずとも満足な旅になった。

雨でも青い沖縄の海

沖縄っぽい公園

散策中に出会った美猫

交 沖縄バス22・48・77番線または琉球バス75番線石川公民館前バス停から徒歩2分
住 〒904-1107 沖縄県うるま市石川曙2-1-55
開 平日10時～19時、土日10時～17時
休 月曜、祝日、慰霊の日（6月23日）、年末年始
近 石川海岸、やぎとそば 太陽

図書館ウォーカーは「孤独のグルメ」になれるか？

62の新たな「図書館をめぐる旅」、いかがでしたか。本書で書いていることを超ざっくりと要約すれば、次の2つになると思う。図書館めぐりを組み込むと旅そのものが面白くなる。そして従来の「本を読む・借りる」とは別の多様な楽しみ方が図書館にはある。

前作を読んでくれた友人が「取材した旅のメモはいつとってるの？」と訊いてきた。実は旅する時、一切メモをとらない。旅を100％楽しみたいからその時間が惜しいという理由もあるが、質問をもらって、図書館ウォーカーでは「旅の臨場感」を重視しているのだと改めて気づかされた。原稿を書く時、メモしたデータを並べるのではなく、記憶の中で最初からもう一度その街を、その図書館を旅する。もし本書を読んで一緒に旅している感覚を味わっていただけたなら、私のそんな執筆方法が理由かもしれない。

皆様に、さらに臨場感をアップさせる「読み方」をおすすめしたい。ずばり「孤独のグルメふうシミュレーション」だ。ここで高らかに宣言しておこう。私は本気で図書館ウォーカーのドラマ化を狙っている。前作のあとがきでも書いたが、もし実現するなら「孤独のグルメ」のような擬似ドキュメンタリーふうで、内心の独り言セリフ中心の作風がいいだろう。考えてみれば、いろんな点がよく似ているのだ。主人公は独り寡黙でよく街を歩き、内心の声はけっこう雄弁だ。基本的に目を向ける先はささやかな日常で、そして何より、よく食べる（笑）。メインテキストを読みつつ、時に書き下ろしコラム（特に「図書館ウォーカーって、何を見てるの？」）もヒントに、頭の中で「孤独のグルメ」ふうシーンを想い描いていただくとさらに旅の臨場感が増すのではないかと思う。

と言うか、私がいつもしている図書館ウォーカー旅は「そのまんま」なのだ。「何たる絶景!!」「ふむふむ、この図書館では新着本をこんなふうに見せているんだな」「ここのお米の美味しさは世界新更新」など、頭の中で独り言ちながら旅している。そして、時には地元の人とちょっとした会話をしたりも。映像化すれば本書ではあまり描かず写真も載せない館内の様子もしっかりとお見せできるだろう。そんなドラマ観てみたいという方はぜひＳＮＳで「＃図書館ウォーカードラマ化希望」のハッシュタグを付けて発信を（笑）

前作に続き敏腕編集者の児山政彦さんとタッグを組ませていただいた。彼の存在がなければ前作の出版とその増刷、そして本作の企画も生まれ得なかった。その慧眼に加え、フリーランスの書き手の気持ちと事情に寄り添ってくれるお人柄にも大きく助けられた。今回もまたすばらしい装丁もろもろを担当してくださった青森県内在住デザイナーの齊藤一絵さん、そして新たにチームに加わり旅情とユーモアにあふれたイラストを描いてくださった「鉄道車内絵日記」著者の大崎メグミさんにも厚く御礼申し上げたい。本書の元となった連載掲載媒体の「陸奥新報」、初代担当記者で数少ない青森県内在住物書き友達でもある実話怪談作家の高田公太さん、二代目担当記者の一戸崇矢さん、版元である日外アソシエーツの皆様にも支えられている。いつもありがとうございます。

前作出版後、出身高校が市内にある縁で松原市民図書館「読書の森」（前作掲載）に呼んでいただいたのを皮切りに、講演の機会をいくつもいただいた。読者や来場された皆様の声を直接お聴きするのはとても楽しい時間だった。中でも、日本最大の図書館イベント「図書館総合展」内フォーラムで共演させていただいた十文字学園女子大学の石川敬史准教授に頂戴した「図書館ウォーカーは、まさにフィールドワークなんですよ」と、陸奥新報の弘前市講演取材記事（2024年2月17日掲載）内の、来場した小学生の感想「自分でも（同じような旅を）試してみたい」が、とても印象に残っている。

本書を読んだあなたも今日から図書館ウォーカー。自分なりの「旅のついでに図書館へ」を楽しんでください。

2024年3月

オラシオ

図書館Index

末尾に＊があるものはコラム・本文内で紹介された図書館

本書は「陸奥新報」（陸奥新報社）に２０１９年11月より連載中の「図書館ウォーカー」から61編を選び加筆・修正、新たに書き下ろし1編、コラム、写真を加えて単行本化したものです。

著者略歴

オラシオ

ライター、エッセイスト。大阪育ち青森市在住。
2019年11月から陸奥新報で「図書館ウォーカー」を連載中。旅先で訪ねた図書館は550館以上。公共図書館員として8年間勤務経験あり。

著書に「図書館ウォーカー―旅のついでに図書館へ」(2023)。音楽の分野ではコンピレーションCD「ポーランド・ピアニズム」「ポーランド・リリシズム」(CORE PORT)選曲解説の他、ライナー執筆など多数。

note フォロワー 3.5 万超（https://note.com/horacio）

図書館ウォーカー 2
—旅のついでに図書館へ

2024年5月25日　第1刷発行

著　　者／オラシオ
発 行 者／山下浩
発　　行／日外アソシエーツ株式会社
〒140-0013 東京都品川区南大井6-16-16 鈴中ビル大森アネックス
電話 (03)3763-5241（代表） FAX(03)3764-0845
URL　https://www.nichigai.co.jp/

組版処理／株式会社クリエイティブ・コンセプト
装丁・中扉イラスト／齊藤一絵
コラムイラスト／大崎メグミ
印刷・製本／シナノ印刷株式会社

《日本製紙 b7 トラネクスト使用》
ISBN978-4-8169-3008-9　　*Printed in Japan,2024*